Paulas Erkenntnisse für ein leichteres Leben

DAS LEXIKON DER NEUEN ZEIT

Die himmlische Verbindung mit Metatron

Paula Himmelreich

Ein großer Himmelsfürst möchte die Menschen in die neue Zeit begleiten.

Metatron bat die Paula zum Diktat.

Es ist ein wenig ungemütlich geworden auf der Erde, doch ist es nur eine Sichtweise in der fest-stofflichen Welt.

Die Engel können das große Ganze sehen und stehen den Menschen sehr gerne zur Seite, wenn sie gerufen werden.

Es ist eine gute Zeit die geistige Welt mit ins Boot zu holen.

Himmlische Ratschläge können wahrlich gebraucht werden.

Das Büchlein soll Trost spenden und Hoffnung geben, um die unruhige Zeit gut zu überstehen.

Das Wassermannzeitalter ist in den Startlöchern und die Sterne stehen für die glorreiche Zeit im Licht und der Liebe, sehr gut.

Jetzt liegt es an den Menschen aufzuwachen und loszumarschieren.

Erzengel Metatron sendet seine hohe Energie auf die Erde direkt zu den Menschen.

Ein Segen, ihn an unserer Seite zu haben.

Die Autorin

Paula Himmelreich ist bekannt für ihre Publikationen

zum Thema Bewusstsein.

Paulas Erkenntnisse die das Leben leichter machen

Ihr Erfahrungen möchte sie gerne teilen.

Sind die Menschen grundlos glücklich und lieben sie bedingungslos-

dann ist der Himmel jetzt schon auf Erden.

https://paulas.gratislicht.de/home/

Die Wahrheit ist immer ganz einfach

ist etwas kompliziert,

dann ist es nicht wahr

(Paula Himmelreich)

Haftungsausschluss

Bei psychischen oder körperlichen Beschwerden ist es ratsam einen Arzt aufzusuchen. Dieses Buch stellt keinen ärztlichen Ratgeber dar, und ist kein Ersatz für eine ärztliche Diagnose. Jegliche Haftung ist ausgeschlossen.

Vorwort

Anfang

Bitten

Cherubim

Dolmen

Eremit

Finanzen

Gold

Heilung

Individualität

Jojo-Zeitenqualität

Kostüme

Liebe

Metatron

Narretei

Ohne Worte

Pflicht

Qualität

Reisen

Vorwort

Jetzt wird es wirklich spannend. Wir befinden uns auf der Zielgeraden und es vergeht kein Tag an dem sich nicht die Meldungen überschlagen.

Gut, ich muss nicht über die aktuelle Lage in der Welt schreiben- das wäre bis du das Büchlein in Händen hältst, schon längst Geschichte. Information gibt es im Netz jede

Menge, auch im Fernseher. Es kommt natürlich darauf an, ob du Wert auf Fakten legst oder lieber Märchen liest oder anschaust. (grins) Nein, falls du schon einmal ein Büchlein von mir gelesen hast, dann weißt du, dass ich ausschließlich meine Information aus dem Himmel bekomme. Ich verbinde mich mit der geistigen Welt des Lichts in der bedingungslosen höheren Liebe. So sind die Botschaften immer völlig sauber, also ohne dunkle Energien. Das ist sehr wichtig, denn die Dunklen zeigen sich Momentan sehr stark, da müssen sie nicht auch noch in meinen Büchern auftauchen. Ich ignoriere sie, somit entziehe ich ihnen die Macht, so einfach ist das.

Was nicht heißt, dass ich nicht auf dem Laufenden bin, was sie aushecken. Sie geben sich nicht einmal mehr Mühe, um ihre Geschichten den Menschen glaubhaft zu machen. Gut, das Ende ist eingeläutet, der Ausgang beschlossene Sache, es gibt nichts mehr was beunruhigen sollte, wenn, ja wenn man sich auf einer hohen Schwingungsebene befindet. Da ist man sicher und kann auf seinen gepackten Koffern warten, bis man rüber gebeamt wird.

Schön!!! Wie ich mich freue!!!

Metatron hat sich bei mir gemeldet, das freut mich sehr. Er hat eine gigantische Energie, du wirst sie spüren können, wenn du das Lexikon liest.

Öffne dein Herz gaaaaaaaaaaaanz weit, dann kannst du die Himmelsenergie spüren und dich richtig wohlfühlen.

Ich weiß nicht, wie du mit deinem Verstand umgehst, wenn er dich stört. Ich sperre ihn immer, wenn ich ihn gar nicht gebrauchen kann in einen Schrank, stecke den Schlüssel in die Hosentasche, somit habe ich Ruhe.

Aber nicht vergessen ihn wieder herauszulassen, sonst könntest du womöglich dumme Sachen anstellen.... so ganz ohne Verstand!!! (grins)

Also hören wir, was uns Metatron zu sagen hat, ich freue mich sehr und fühle mich auch ein bisschen geehrt, dass er mich gebeten hat mitzuschreiben.

Anfang

So, dann fangen wir beim Anfang an, wo sonst? (grins)

Es ist ja ganz leicht, der Anfang eines Lexikons beginnt natürlich mit A! Ich bin selbst sehr neugierig was es denn zu schreiben gibt. Ein Lexikon zu schreiben ist keine alltägliche Aufgabe, so etwas habe ich natürlich noch nie gemacht! Klar, wer schreibt schon ein Lexikon?

Der Himmel schreibt es, dann ist es auf alle Fälle wahr. Wenn die himmlischen Legionen zum Diktat bitten, werden nur wahre Geschichten veröffentlicht, das ist sehr angenehm, denn Lügen bekommen wir jetzt genügend zu lesen und anzuschauen. Auf den Himmel ist immer Verlass, Gott sei Dank!!! Das wäre ja noch schöner... (lächel)

Unsere letzte sichere Bastion!

Bitten

"Bitte und dir wird gegeben..."

Der freie Wille wird von der geistigen Welt respektiert. Sie werden sich nie ungefragt einmischen, sondern nur, wenn du darum bittest. Damit du deine Wunscherfüllungspakete auch bekommst, solltest du dich in einer höheren Schwingungsebene befinden, also in einer Liebesenergie. Bist du knatschig oder wütend, wirst du die himmlischen Geschenke, die du angefordert hast, nicht annehmen können, weil du sie schlichtweg nicht bekommst. Nicht die Engel sind gemein und erfüllen dir nicht deine Wünsche, sondern du bist auf einer niedrigen Schwingungsebene und siehst deine Päckchen nicht, das ist das Problem.

Sich im Jammertal hinzusetzen und sich leidzutun, wird keine Änderung herbeiführen.

Du musst dich selbst am Schopf packen und herausziehen, dann bekommst du deine Wünsche erfüllt. So einfach ist das.

Cherubim

Die Cherubim bewachen das Paradies.

Jetzt wirst du sicherlich ein bisschen grinsen... "Wieso muss man das Paradies bewachen? Ist das nicht sicher? Könnte da jemand einbrechen?"

Da muss ich ein bisschen ausholen:

Die Menschheit bewegt sich immer in abwechselnden Zyklen von Dunkelheit und Zeiten des Lichtes. Spannend ist jetzt, dass wir Ende des Jahres in das Wassermannzeitalter eintreten, das ist wieder eine Lichtepoche. Schluss mit der dunklen Zeit. Deswegen herrscht momentan Chaos in der Welt.

Als das letzte Mal die Menschheit in die dunkle Zeit eingetreten ist, haben die Engel die Tore zum Paradies verschlossen und die Cherubim sind die Wächter.

Sehr hoch schwingende Wesenheiten, auch manche Menschen, können natürlich in das Paradies gehen- die Wächter sind dennoch notwendig, damit keine "falschen" Wesenheiten Blödsinn machen.

Tore, die in die geistige Welt des Lichtes führen, sind in einer hoch schwingenden Ebene angelegt. In diesen hohen Schwingungsebenen haben die Unlichten keinen Zutritt, das heißt sie sehen sie nicht, weil sie selbst weit unten schwingen. Zur Sicherheit wurden Lichtpunkte versiegelt und Wächter aufgestellt. So kann die Menschheit, wenn sie wieder bewusst ist, in diese lichten Reiche eintreten.

Die Schwingung steigt an, die Menschheit erwacht und findet wieder den Eingang in das Paradies.

Dolmen

Du hast sie sicherlich schon gesehen, vielleicht in Natur oder im Fernsehen: Diese riesengroßen Steine die alleine oder in einer Anordnung in einer Landschaft stehen. Meist stehen sie nicht in der Nähe eines Berges- man fragt sich wie die Menschen sie so weit transportieren konnten... damals ohne Schwerlastkraftwagen...

Auch das ist eine von vielen Unwahrheiten, die uns aufgetischt wurden, meist schon in den Geschichtsbüchern:

Uns wird erzählt, früher waren die Menschen rückständig. Der Mensch hätte sich entwickelt und wäre jetzt viel zivilisierter und fortschrittlicher als in früheren Zeiten. Die Menschen hätten in anderen Epochen in einer Art Steinzeit gelebt...

Weißt du was? Ich empfehle dir Bücher von Drunvalo Melchizedek zu lesen, da wird sehr viel aufgedeckt. Es ist genau andersherum: Wir gehen Vollgas rückwärts. Unsere Fortbewegungsmittel zum Beispiel sind alles andere als fortschrittlich. Aber das ist ein anderes Thema.

Noch einmal zu den Dolmen: Du kannst dir das wahrscheinlich nicht vorstellen wie einfach es ist so große Steine zu bewegen, wenn man wieder seine Fähigkeiten voll ausschöpfen kann. Wenn unsere DNA wieder völlig "aufgesperrt" ist, haben wir wieder Zugriff auf unser komplettes Potenzial, das Leben wird wieder kinderleicht.

Ich freue mich darauf.

Eremit

Menschen die das Weite suchen, weil sie nicht mehr mit der Gesellschaft "können", so würde ich Eremiten nennen. Ich habe erst vor kurzem mit einer Verkäuferin gesprochen, die sich auch ein Leben in Abgeschiedenheit irgendwo im Wald wünscht, wo sie ihre Ruhe hätte.

Ich denke mit diesem frommen Wunsch, ist sie nicht alleine. Je wilder die Zeiten werden, desto mehr Menschen würden gerne abzischen.

Tja, da stellt sich mir nur die Frage: Wohin denn???

Es gab immer schon unruhige Zeiten in der Menschheitsgeschichte- da sind ebenfalls Menschen irgendwohin ausgewandert. Manche sind nach Südamerika gegangen, andere wiederum nach Kanada.

Heutzutage ein Leben als Eremit zu führen, dürfte etwas schwierig werden. Gut, man könnte sich natürlich irgendwo am Amazonas ansiedeln, aber die Anpassungsprobleme als Nicht-Einheimischer... ich weiß nicht, ob das so leicht wäre. Dann kommen natürlich noch ein paar Lebensgefahren dazu, wie von einem Krokodil gefressen, oder von einer Schlange erwürgt zu werden...

Ich weiß, es gibt Menschen, die sind wirklich cool und trauen sich so ein Leben, ich würde es mich nicht trauen, alleine schon die Hitze....

Eremit-sein, hat aber nicht nur mit einem Ortswechsel an ein abgelegenes Plätzchen zu tun, nein, Eremit-sein, kann man überall. Wer sich aus der 3 D Welt zurückzieht, ist auch so etwas wie ein Eremit. Manchen Menschen ist es einfach zu viel Energie die herumgewirbelt wird. Sie können es schier nicht aushalten wie sich die Welt verändert. Die Energien sind ihnen zu schwer, wenn sie sich draußen aufhalten.

Da ist es keine schlechte Idee den Rückzug anzutreten, anstatt sich selbst zu schaden. Wer in sich geht, also in die Stille, kann sich selbst finden- derjenige ist angekommen und kann einen Frieden schließen mit sich selbst.

Stell dir vor, jeder Mensch würde mit sich in den Frieden gehen- dann wäre die Welt in Ordnung. Menschen, die friedlich sind, die in ihrem Herzen angekommen sind, werden niemals anderen Menschen Schaden zufügen, das geht gar nicht.

Das ist dann das Paradies auf Erden.

Wunderbar!

Finanzen

Das Geldsystem wie es jetzt bei uns herrscht, ist ein Auslaufmodell, das ist sicher. Nein, wir werden in Zukunft nicht wieder Steine gegen Bananen tauschen, obwohl, das wäre auch eine lustige Vorstellung und sogar eine sehr ehrliche Art Geschäfte zu machen.

Das ganze System wird natürlich in sich zusammenfallen- muss es auch, weil es nicht lichtvoll ist, sondern genau das Gegenteil, so einfach ist das.

Alles, was nicht lichtvoll ist, wird "**bumm**" umfallen, oder explodieren, je nachdem. Eine spannende Zeit, es gibt viel zu beobachten.

Gold

Gold hat eine sehr hohe Schwingung. Gold war seit Menschengedenken ein Schatz. Mit einem Goldgeschenk zeigt man einem Menschen seine Wertschätzung. Nicht umsonst haben Männer ihren Frauen seit jeher goldenen Schmuck geschenkt, um sie zu ehren. Ein wundervolles Metall, das niemals seinen Wert einbüßen wird. Mit Gold kann man wunderbar heilen. Seine hohe Eigenschwingung kann Störfelder im Körper wieder harmonisieren.

Heilung

Wer möchte nicht völlig heil sein? Klar, krank-sein ist nicht schön. Gut, als Kind kann ich mich erinnern, war das gar nicht so schlimm mit einer Erkältung im Bett zu liegen. Ich wurde liebevoll von meiner Mutter versorgt. Damals gab es noch kein Antibiotikum um schnell wieder in die Schule gehen zu können, nein, da wurde sich noch mindestens 1 Woche mit Wadenwickel, Tee und Inhalieren ins Bett gelegt. Ach war das schön! Den ganzen Tag hörte ich meine geliebten Kinderschallplatten und las meine Bücher oder Comics, herrlich!

Heute darf niemand mehr krank-sein. Jeder muss funktionieren. Schnell wird eine Pille eingeworfen und weiter gehts. So funktioniert aber keine Heilung, das ist lediglich eine Symptombekämpfung.

Heilung ist auch, wenn man sich "bemuttern" lassen kann, ob von der eigenen Mutter oder einem anderen lieben Menschen. Alleine das Ausruhen und sich die Zeit für sich zu nehmen ist enorm wichtig, besonders auch für Kinder.

Wenn der Körper nicht mehr "rund-läuft", wenn er also muckt, dann möchte sich unsere Seele Gehör verschaffen:

"Hallo liebe Paula, hör einmal zu: So geht es nicht mehr weiter! Wenn du nicht endlich einen Gang herunterschaltest, verpasst du die schönen Momente im Leben und dein Leben ist vorbei, bevor du es erst richtig angefangen hast zu leben!"

So, oder so ähnlich, könnte sich deine Seele bei dir melden. Vielleicht kannst du sie noch nicht richtig hören, darum wird sie dich ein bisschen piesacken. Da kann schon einmal das Knie knirschen, die Plomben herausfallen, die Nierensteine eine Geröllawine auslösen und die Lunge aus dem letzten Loch pfeifen!

Solltest du die Botschaft nicht verstehen, dann wird es noch mehr weh tun und es könnten sogar körperliche Beeinträchtigungen hinzukommen, die dann schon ein wenig "ernster" werden.

Ich möchte dir keine Angst machen, (das machen augenblicklich andere schon zur Genüge (zwinker)) auch könnten andere unangenehme Dinge in deinem Leben passieren...

Wenn du es "kapierst" um was es eigentlich geht, wird die Unannehmlichkeit, also die Krankheit oder die finanzielle Schieflage sich schnell wieder verflüchtigen- ist ja klar, die Aufgabe ist gelöst.

So ist es immer im Leben:

Wenn du siehst alles läuft wie geschmiert, dann gibt es nichts zu tun, außer sich zu freuen!

Kommen allerdings die Einschläge immer näher, dann wird es Zeit aufzuwachen und hinzuschauen, und,

UND: Nicht nur schauen, sondern auch zu handeln!

Falls du mich kennst, wirst du wissen, dass ich gerne auf der Esoterikszene herumhacke. (Das war jetzt nicht so ernst gemeint, aber ich warne immer wieder vor den Fallstricken)

Warum ich immer wieder darauf hinweise, nicht nur im Lotussitz auf der Blumenwiese zu sitzen und Hosianna zu singen, ist, wir sind hier auf der Erde um zu leben.

Da wir nicht als Gespenster hier wohnen, sondern einen materiellen Körper "anhaben", sollten wir den auch benutzen, das heißt auch etwas tatsächlich zu tun.

Freilich ist die geistige Einstellung wichtig, die passen muss. Wer sich die gesündesten Kräuter gönnt, aber den ganzen Tag mit einem Gesicht herumläuft wie ein Miesepeter, der wird wahrscheinlich seiner Seele nicht so genau zugehört haben.

Klar, Königsklasse ist es, alle drei Teile zu harmonisieren und zu synchronisieren:

Den Geist, den Körper und die Seele.

Es gibt einen Turbo der **immer** zündet:

Wenn man sein Herz öffnet für die Liebe, dann harmonisiert das automatisch den Körper, den Geist und die Seele.

Die Liebe richtet **alles** !!!

Das ist unser Zaubermittel- die Liebe.

Die Liebe haben wir vom Himmel mit auf die Erde gebracht. Sie ist unser Allheilmittel für alles, sogar für unseren Weltschmerz.

Die Liebe hat uns der liebe Gott mitgegeben, weil er gewusst hat wie greislig (das ist bayerisch und heißt so in etwa: unschön... (grins)) manchmal das Leben sein kann. Mit diesem wundervollen Geschenk, kommen wir durch die stürmischen Zeiten auf dieser Welt-

und das sind sie wirklich: **stürmisch**, diese Zeiten...

Individualität

Menschen, die Gewinn erwirtschaften möchten, erfinden Mode, um etwas zu verkaufen. Großkonzerne lassen Filme produzieren in denen ein bestimmtes "Ideal" gezeigt wird. So kann man das Kaufverhalten der Kunden beeinflussen und ihnen immer wieder einen "neuen" Trend verkaufen. Menschen, die sich frei machen von der Gehirnwäsche der Großkonzerne, brauchen kein Ideal mehr, sie wissen um ihre **Einzigartigkeit**.

Jede Seele, die hier auf der Erde eine Zeitlang wohnt, ist einzigartig. Doch unbewusste Menschen haben Angst sich, so wie sie sind, zu zeigen. Sie laufen lieber einem Modetrend hinterher um dann wie alle anderen auch, auszusehen. Klar, so ist man "in" oder "cool", wenn man den Vorgaben der Modeindustrie folgt und braucht keine Angst vor Ausgrenzung zu haben.

Wenn Kinder von klein auf, mit trendigen Klamotten und Spielzeug versorgt werden, sind sie es gewohnt und werden ihr Konsumverhalten wahrscheinlich im Erwachsenenalter auch nicht verändern. Diese Erwachsenen werden treue Kunden in der Modebranche sein.

Ist es das, was wir wollen?

Sind wir auf die Erde gekommen, um ein Teil in einem großen Schwarm zu sein, oder wollen wir lieber als individuelles Sternchen glänzen?

Die Welt wäre viel bunter, wenn jeder einzelne von uns **seine eigene** Individualität ausdrücken würde. Stelle dir vor, jeder würde völlig anders, als alle anderen, gekleidet sein. Das gäbe sicherlich auch einiges zum Lachen:

Die einen laufen mit Schlaghosen und langen Krägen an ihren Hemden herum während andere mit Röhrenjeans und Cowboystiefeln posen...

Bei der Haarpracht würde es sicherlich auch lustig werden:

Da könnten sich sicherlich einige wegschmeißen vor lachen, wenn noch Punker und andere mit einem Irokesenschnitt herumlaufen würden.

Ich weiß, mit meinen Vorstellungen vom Leben, würde ich natürlich der Modeindustrie ihre Gewinne ganz schön abgraben.

Freilich, jeder würde die Klamotten so lange tragen, bis sie kaputt wären und nicht so lange bis sie unmodern würden.

Individuell-sein heißt auch unangepasst zu sein-

gegen den Strom zu schwimmen.

Wenn sich das Ego verabschiedet, will man sowieso nicht mehr wie die Masse sein. Dann erkennt der Mensch, dass er als Seele einzigartig ist und die äußerlichen Erscheinungen nichts mit einem selbst zu tun haben.

Vielleicht triffst du einmal einen unmodern gekleideten Menschen- es könnte sein, dass du einem "Meister" in Schlaghosen begegnest ... (grins)

Jojo-Zeitenqualität

Mit Vollgas auf und ab, immer schön im Wechsel-

so könnte man die Jetzt-Zeit mit einem Jojo vergleichen.

Kaum kann man wieder ein bisschen durchatmen, kommt die nächste Energiewelle oder Horrornachricht und schwuppdiwupp geht es wieder runter mit der Stimmung und auch Schwingung.

Es kann aber gut sein, dass es nach ein paar Minuten wieder das nächste Hoch zu fühlen gibt, bevor es wieder mit Vollgas hinuntersaust.

Anstrengend könnte man diese Zeit nennen. Auch wenn jeder Mensch natürlich völlig unterschiedlich gestrickt ist, die Energien fühlen, wird jeder auf seine eigene Weise.

Interessant ist dennoch, dass scheinbar Menschen die nichts mitbekommen auch keine auf und ab's haben. (auf und ab's... ja das ist meine Sprache, grins- ein bisschen Spaß muss sein)

Also die unbewussten Menschen, die noch ganz normal vor sich hin leben, spüren körperlich und auch psychisch nichts oder sehr wenig. (Ich habe eine nicht-repräsentative Umfrage gemacht!)

Wie kann das sein?

Dafür gibt es eine Erklärung:

Wir leben alle in unterschiedlichen Schwingungsebenen- eben diese Erfahrungen machen wir, genau an diesem Platz an dem wir leben. Ich erkläre es vereinfacht, da ich keine Expertin bin und meine Informationen alle ausnahmslos von der geistigen Welt des Lichts, beziehe. Natürlich spielt auch mein eigener Verstand eine kleine Rolle, die aber sehr unbedeutend ist, mangels Masse! (grins)

Stelle dir einfach ein Musiknotenblatt vor, das voller Linien ist. Auf diesen Linien werden die Noten gemalt. Jemand der Noten lesen kann, wird aufgrund der Noten auf den unterschiedlichen Strichen, sogar ein Lied trällern können.

Eine Note auf der C-Linie hört sich anders an, als eine Note auf der F-Linie.

So ist es bei uns in der Welt der 3. Dimension auch:

Manche Menschen leben auf einer A-Line, die anderen auf einer G-Linie...

Es gibt eine große Vielzahl verschiedener Schwingungsebenen, die alle für sich eine eigene Realität ergeben.

Ich erzähle dir von mir: Also ich treffe keine sogenannten Promis, auch keine Adligen, oder doch:

Mit einer Fürstin und ihrem Butler habe ich schon einmal Brotzeit in ihrem Schloss gemacht! Das ist kein Witz! Das war eine nette sehr "normale" Frau. Das hat Spaß gemacht! Die Küche sah wirklich so aus, wie man sie bei Schlossbesichtigung immer anschauen kann und die Brotzeit war genauso, wie sie du und ich, wahrscheinlich jeden Tag essen. Kein Unterschied zwischen den Gesellschaftsschichten! (lächel)

Nein, noch einmal:

Natürlich treffe ich "normalerweise" nie Promis oder Superreiche und auch keine Popstars.

Auch treffe ich in der Regel keine Drogenabhängige, Bankräuber oder obdachlose Menschen.

Ich lebe **mein** Leben in **meiner** Schwingungsebene, das war aber nicht immer dieselbe Ebene. Als ich noch ein Geschäft hatte, war meine Ebene auch eine andere und als ich noch Arbeitnehmer war, hatte ich auch eine andere Schwingungsebene. Ich hatte einen völlig anderen Level, in dem ich mich bewegte. Nicht nur unser Leben, ob als Arbeitnehmer, Mutter, Selbständiger oder Schüler "entscheidet" in welcher Ebene wir uns befinden, sondern natürlich unser Bewusstseinszustand auch. Das "beurteilt" niemand und ordnet uns ein, nein, das ergibt sich einzig und alleine aufgrund unseres Verhaltensmusters.

Ich möchte ausdrücklich darauf hinweisen, dass ich das überhaupt nicht bewerte, wie jemand lebt.

Jesus soll einmal gesagt haben:

Leichter geht ein Kamel durch ein Nadelöhr,

als, dass ein Reicher in den Himmel kommt.

Mit "reich" hat er Menschen gemeint, die an ihrem Besitz festhalten. Menschen die materielle Güter nicht brauchen, sind freier, sie wissen: Besitz belastet.

Also sogenannte Arme und Reiche gibt es nicht wirklich. Sie leben nur in verschiedenen Welten, um ihre Erfahrungen zu machen.

Jeder sucht sich **vor** dem Eintreffen auf dem Planeten, eine entsprechende Ebene aus um genau **das** erleben zu können, was er möchte.

So leben wir eigentlich alle "nebeneinander her", sozusagen.

Zwischendurch kreuzen sich unsere Linien, das ist dann der Fall, wenn wir uns treffen.

Menschen verlassen sehr gerne Mal ihre Bewusstseinsebene, um in eine andere Welt zu schauen.

Klar, der Mensch ist von Natur aus neugierig. Das kann man daran sehen, dass es gefühlte 50 verschiedene Frauenklatschblätter gibt, in denen die Promis zur Schau gestellt werden, oder sich selbst ablichten lassen, um ein bisschen Werbung für sich zu machen.

Es interessiert einige Menschen, vornehmlich Frauen, wie andere Menschen so leben. Geht man in ein Konzert, Theateraufführung oder eine Sportveranstaltung, dann ist man Künstlern sehr nahe und taucht in deren Geschichte ein. So kreuzt man, wenn auch nur kurz, deren Ebene. Immer wenn wir uns mit Menschen treffen, wie auch immer das aussehen mag, stupsen wir uns auf unseren Schwingungsebenen gegenseitig an. Entweder kraxelst du hinunter zu einer anderen Person oder du schwingst dich in luftige Höhen zu jemanden, der vielleicht eine Art "Meister" sein könnte.

Freilich, kann man auf einer "fremden" Bewusstseinsebene nicht so lange bleiben. Dafür gibt es einen Grund:

Wir können immer nur dauerhaft da "wohnen" wo wir auch hingehören. Ein Bettler hat in einem Palast nichts zu suchen. Verstehe das nicht falsch, es ist eher sinnbildlich gedacht. Ein unbewusster Mensch kann nicht auf einer Ebene existieren, in der ein Meister lebt.

Wenn du auch daran interessiert bist, das Leben zu lernen wie es funktioniert, wirst du automatisch immer besser. (haha) das hört sich an, als ob wir eine Schule besuchen würden!

Aber ist es nicht auch so?

Klar, es ist die Lebensschule.

Wir kommen an auf der Erde, gehen weiter bis wir die Windeln los sind, später haben wir vielleicht selbst kleine Hosenscheißer zu Hause, bis wir wieder nach Hause gehen, um uns im Himmel auszuruhen.

Zwischen der Ankunft auf der Erde und der Abreise findet das Leben statt, mit allem drum und dran!

Manchmal ist es eine Riesengaudi, dann ist es wieder einmal zum Davonlaufen. Doch die Rechnung wird immer zum Schluss gemacht.

Weißt du, wovor ich immer am allermeisten Angst hatte? Ich wollte niemals, bei der Rückschau auf mein Leben mich in den sprichwörtlichen Hintern beißen, weil ich es irgendwie vermasselt habe. Ich wollte mich nicht darüber ärgern müssen, dass ich etwas verpasst hätte, also das Leben selbst.

Mein erklärtes Lebensziel ist es:

Egal was im Außen los ist, innerlich ruhig und gelassen zu sein. Wenn sich Gefühle zeigen, dass ich sie ohne Widerstand annehmen kann und fertig.

Ich wollte lernen, das Leben so anzunehmen wie es ist, ohne mich zu wehren, ich habe es mir immerhin selbst ausgesucht, also gibt es keinen Grund sich zu beschweren.

Eine große Aufgabe!

Nein, mein Lebensziel ist es nicht irgendwelche beruflichen Erfolge zu verbuchen, Länder zu bereisen oder gute Taten zu vollbringen.

Ich möchte Gelassenheit lernen.

Das heißt nicht, dass ich mich mit allem abfinden möchte!!! Niemals!!!!!

Ich möchte das Leben annehmen, wie es ist...

Manchmal gibt es etwas zu tun, ein anderes Mal schaue ich nur zu.

DAS IST HINGABE

Ich bin jederzeit Abreise-bereit. Ich bin fertig mit mir... (grins) Meine Koffer sind gepackt, ich bin bereit über die Lichtbrücke auf die neue Erde zu gehen. Ein Leben im Paradies erwartet uns. Freu dich mit mir, wir werden enorm viel Spaß zusammen haben.

Noch einmal zurück zur Lebensschule:

Wenn du immer besser wirst, also dein Bewusstsein zunimmt, änderst du automatisch deine Schwingungsebene.

So ändern wir andauernd unsere Ebenen- falls es gut läuft, nach oben.

Die Erfahrungen, die wir machen, sind immer genau **die**, die in dieser Ebene Realität sind. Andere können wir in dem Moment nicht machen.

Ein Beispiel:

Du bist gerade völlig am Boden, alles geht schief, die ganze Welt scheint sich gegen dich verschworen zu haben. Du bist also gerade in einer unteren Schwingungsebene. Du magst das aber gar nicht und wünschst dir ein schöneres Leben.

Wenn du die Ebene in Richtung "oben" wechselst, hast du wieder ein angenehmes Leben, so einfach ist das.

Wenn du jetzt fragst, wie du die Schwingungsebene anheben kannst, da kann ich dir ein Büchlein von mir empfehlen:

77 HIMMLISCHE GESCHENKE UM DEINE SCHWINGUNG ZU ERHÖHEN - GLÖCKCHEN 4:

Kleiner Tipp am Rande:

Schokolade oder ein Spaziergang im Wald wirken auch Wunder!

Kostüme

Es ist Fasching und alle sind verkleidet, klar wie jedes Jahr. Nur mit einem kleinen Unterschied: Es ist langweilig die Kostümierungen anzuschauen- denn alle sind als Ärzte oder Krankenschwestern verkleidet! (zwinker)

Ja, das ist echt langweilig oder sogar gruselig.

Ich muss ganz ehrlich sagen, mir gruselt es schon, wenn jetzt alle Menschen maskiert herumlaufen.

Klar, noch vor kurzer Zeit war es so, wenn einem ein Mensch mit einem Tuch vor dem Gesicht gegenüber saß, nichts Gutes bevor stand. Ich spiele hier auf meine unzähligen

Zahnarztbesuche an. Auch erinnern mich diese Verkleidungen an Krankenhausbesuche oder Aufenthalte in einem Hospital.

Jetzt sehe ich überall wohin ich auch gehe "normale" Menschen mit diesem Tuch vor dem Gesicht...

Ich belasse es bei diesen 3 Pünktchen...

Na ja, vielleicht habe ich ja Glück und nächstes Jahr ist als Verkleidung ein Geisterkostüm vorgeschrieben. Dann hat sich wenigstens das ständige Klamotten kaufen auch erledigt, wenn man, tagein tagaus, mit einem weißen Kleidchen herumläuft.

Wundern würde mich das ganz sicher auch nicht mehr! (lächel)

Liebe

Natürlich muss in diesem himmlischen Lexikon bei L die Liebe stehen. Ich habe schon soviel über die Liebe geschrieben- doch kann man eigentlich zuviel über die Liebe schreiben? Nein, das glaube ich nicht. Früher, als ich noch unbewusst war, habe ich Liebe immer in Verbindung mit einer Zuneigung zwischen Liebespaaren gesehen.

Erst im Laufe der Zeit habe ich verstanden, dass die Liebe nichts mit anderen Menschen oder Tieren zu tun hat. Auch die Liebe zu einem Kind oder den Eltern, ist nur ein Auszug aus dem ganzen Spektrum, das die Liebe umfasst.

Die Liebe ist ein Gefühl **in** uns. Wenn sie uns von anderen Menschen geschenkt wird, ist das toll. Klar, wer möchte nicht geliebt werden? Ein schöner Gedanke: "Mich liebt mein Mann über alles." Oder: "Für mein Kind bin ich die allerbeste Mutti der Welt!"

Das lässt uns gleich um ein paar Zentimeter höher wachsen.

Genau das ist aber nur die halbe Wahrheit. Sicherlich ist es schön und schmeichelhaft, wenn man geliebt wird.

Wenn man allerdings nicht gelernt hat seine eigene Liebe im Inneren zu finden, hat man das Leben quasi nie vollständig erleben dürfen.

Dieses stille aber auch sehr kraftvolle wunderschöne Gefühl, hebt einen tatsächlich in den Himmel empor.

Ich kann dieses Gefühl mit Worten nicht beschreiben- wie auch? Wie sollten ein paar Buchstaben auf einem Papier ein Gefühl erklären können? Klar, für jemanden der dieses Gefühl kennt, ist das kein Problem. Das ist so ähnlich, als ob ich einem 8-jährigen erklären müsste wie es ist, wenn man einen Rausch hat. (so sagt man in Bayern, wenn man ein paar Halbe zu viel intus hat!)

Ich gehe jetzt einmal davon aus, dass der junge Mann mit seinen 8 Jahren noch keinen Zacken in der Krone hatte-folglich kann er sich nicht annähernd vorstellen wie sich der Zustand des Rausches, anfühlt.

Meine Erfahrung ist, dass dieses Gefühl immer stärker wird, je mehr man sich mit seinem Bewusstsein beschäftigt. Wenn das Herzchakra immer weiter geöffnet wird, fühlt sich dieses Gefühl immer noch stärker an. Je mehr die Chakren im Gleichklang laufen und je sauberer das Energiekörpersystem ist, desto intensiver werden die Gefühle. Alles wird irgendwie feiner.

Werden die Energien intensiver, sind die Sinne auch empfindsamer. Der Geruchssinn, der Hörsinn auch die Wahrnehmung von Farben oder anderen Eindrücken wird immer vielfältiger. Klar, unser Körpersystem wird für die höhere Dimension kalibriert- deswegen wird unser Körpergefährt immer noch "besser".

Die Liebe schwingt so hoch, dass sie Menschen sogar heilen kann. In dieser Bewusstseinsebene sind Wunder möglich. Wenn du schon einmal wirklich geliebt hast, wirst du dieses erhabene Gefühl kennen, dass scheinbar alles möglich ist.

Der Fehler liegt bei "scheinbar".

Alles ist möglich dem der da glaubt....

Nicht nur dieses oder jenes nein **alles** ist möglich.

Wenn man sich auf den Weg der Bewusstwerdung macht, liebt man einmal diesen, dann jenen. Bekommt man ein Baby, dann liebt man das über alles, oder man liebt seinen Hund oder den Nachbarn. (hoffentlich nicht während du gleichzeitig verheiratet bist...)

Irgendwann ist die Liebe dann nicht mehr nur dann Gast, wenn es jemanden zum lieben gibt, sondern wird Dauergast in deinem Herzen.

Auch das ist nicht ganz richtig: Anwesend ist die Liebe **immer** im Herzen, nur heraus kann sie nicht, weil das Herz verschlossen sind. Das ist das Problem. Sie ist eingesperrt, weil das Herzchakra zu ist.

Vielleicht weißt du, dass ich auch heile, sozusagen- geistig heile.

Wenn ich die Chakren öffnen möchte, kann es sein, dass einzelne wie zubetoniert sind. Bei manchen Menschen habe ich schon eine halbe Stunde gebraucht um das Herzchakra zu öffnen. Da ist es völlig klar, dass da keine Liebe hinausströmen kann. Die Menschen berichten anschließend, dass sie sich plötzlich so wohl und frei fühlen.

Das könnte vielleicht für dich auch ein Tipp sein:

Öffne dein Herzchakra, das ist grün. Das kannst du geistig machen. Stelle dir einfach eine Blume vor, also eine Blüte wie sie sich öffnet.

Gehe in Resonanz zur bedingungslosen höheren Liebe, wenn du etwas bei dir reparieren möchtest, dann bist du immer "richtig verbunden" und nichts kann schiefgehen.

Jetzt in dieser Ausnahmezeit haben sehr viele Menschen ihre Herzchakren zu. Klar, die Angst geht um und da macht man die Schotten dicht, sagt man.

Eigentlich ein guter Ausspruch: Die Schotten dicht machen...

Damit sind auch die Chakren gemeint, die verschlossen werden. Auch der Solarplexus, der für die Lebensfreude steht, wird verschlossen.

Alle Chakren sind miteinander verbunden. Wenn eines zu macht, dann zieht das automatisch mindestens eines mit, das sich auch verschließt und die restlichen meist auch.

Die Folgen sind später auch im körperlichen Unwohlbefinden zu spüren.

Lass die Liebe aus deinem Herzen hinausströmen. Sie will nicht eingesperrt sein. Die Liebe will auch an die frische Luft und zu den Menschen und den Tieren. Auch eine Blume freut sich über deine Liebe. Laufe mit einem offenen Herzen durch die Welt, du wirst soviel heilen, das kannst du dir gar nicht vorstellen- am meisten allerdings dich selbst und um das geht es:

Es geht um dich und **dein** Leben. Denke nicht soviel an die anderen- die sind zweitrangig. In erster Linie bist **du** auf die Erde gekommen, um **dein** Leben zu leben. Du wolltest Erfahrungen machen. Nein, du bist nicht von deiner Wolke hinabgestiegen um deinen Kindern ein besseres Leben zu ermöglichen, was auch immer das heißen mag. Du bist **deinetwegen** hierher gekommen.

Du brauchst und kannst deinen Kindern kein **besseres** Leben ermöglichen. Wozu auch?

Willst du ihnen ihre Erfahrungen wegnehmen?

Das wäre nicht sehr nett von dir.

Sie sind auch gekommen um **ihre** Erfahrungen machen zu können. Wenn du sie jetzt mit Geld überschüttest und ihnen ein Hotel Mama bis zum 40. Geburtstag kostenfrei bietest, werden sie kaum die harte Lebensschule erleben dürfen. Sie werden um ihre eigenen Erfahrungen betrogen. Du mischst dich quasi in ihren Lebensplan ein.

Mach dich frei von irgendwelchen Vorstellungen, wie du jemanden glücklich machen kannst, mach dich selbst glücklich, damit hilfst du deinen Mitmenschen am allermeisten.

Wenn es dir gut geht, dann fühlen sich deine Mitmenschen automatisch in deiner Nähe auch wohl. Damit ist allen geholfen.

Ich sende dir jetzt eine himmlische Liebesübertragung. Falls du sie nicht willst, ist das kein Problem, du musst sie ja nicht annehmen. Man muss schließlich nicht jedes Päckchen annehmen.

Ich füge hier ein Bild ein, es ist mit der himmlischen Liebe aufgeladen. Immer wenn du Energie benötigst, schaust du das Bildchen an und dir wird es gleich wieder besser gehen. Die Engel schicken dir jetzt diese Energie. Anschließend schreibe ich die Botschaft von Metatron für dich auf.

Metatron

Ich bin Metatron, aus den hohen Reichen der Unendlichkeit. Ihr seid auf die Erde gekommen, um einen besonderen Auftrag zu erfüllen. Heute ist ein Tag, an dem die Schleier zwischen den Welten sehr dünn sind. Ich sage euch, ihr seid nur noch ein kleines Stück entfernt von eurer neuen Erde auf der Milch und Honig fließen. Öffnet eure Herzen für die

Liebe, dann werdet ihr erkennen, wem ihr vertrauen könnt und wer nicht die Wahrheit spricht. Vertraut den Dunklen nicht. Es gibt nur einige wenige, die wahre Worte verkünden. Die Meisten sprechen die Unwahrheit und führen euch in eine falsche Richtung. Sie erzählen Geschichten, die einfach nicht wahr sind. Sie machen euch Angst, damit ihr das tut, was sie euch sagen. Hört nicht auf sie, das ist nicht die Wahrheit was sie sprechen. Hört auf euer Herz, da findet ihr eure Wahrheit. Wir, aus den geistigen Reichen sprechen zu euch. Ihr könnt uns nur hören, wenn ihr eure Herzen geöffnet habt. Mit eurem Verstand könnt ihr uns nicht hören. Wir schwingen sehr hoch, nur in einer hohen Schwingung könnt ihr uns wahrnehmen. Wenn ihr Angst habt oder wütend seid, werdet ihr uns nicht wahrnehmen. Deswegen wird soviel Angst verbreitet, damit ihr uns nicht hören könnt. Die Dunklen wissen das und erzählen euch Dinge, die euch ängstigen. Wer in der Liebe ist, kann gar keine Angst haben. Wer hoch schwingt, ist geschützt. Wir wissen, wer sein Herz geöffnet hat, jener steht unter unserem allerhöchsten Schutz. Stellt euch aufrecht hin und habt keine Angst. Sie haben keine Macht mehr, das kommt euch nur so vor. Sie sind bereits machtlos, denn ihr Lichtanker glaubt ihnen nicht mehr. So haben sie keine Energie mehr. Ihr, die ihr diese Botschaft lest, seid unter allerhöchstem göttlichen Geleit. Wer diese Zeilen in den Händen hält, dem wird kein Haar gekrümmt. Ihr seid Boten des Himmels, genau für diese Zeit ausgesucht, um auf der Erde zu helfen. Das ist eure Aufgabe. Himmelsboten sind immer mit einem Lichtmantel vollständig geschützt, um ihren Dienst unbeschadet zu erledigen. Seid Lichtanker und Leuchttürme für die Menschen. Sie brauchen euch dringend. Sie sind verunsichert und brauchen eine helfende Hand und ein tröstendes Herz. Lasst euch nicht auseinanderreißen. Jetzt ist es Zeit sich wieder näherzukommen um die letzte Etappe noch zu überwinden. Der Himmel unterstützt euch. Wir schicken euch ein Zeichen am Himmel, damit ihr euch wieder erinnert, dass wir verbunden sind. Ich bin Metatron und bin immer bei euch im Himmel aber auch auf Erden. Freut euch über diese Botschaft und gebt sie den Menschen auf Erden, damit sie sich auch freuen können und Hoffnung haben auf eine glorreiche Zeit ohne Drangsal. Jetzt geht ihr ein in das Paradies auf Erden, so lauten die Prophezeiungen.

Mein Licht segnet euch.

Vielen Dank, lieber Metatron, schön, daß du mit uns gesprochen hast!

Diese Botschaft wurde am 12.12.2020 übermittelt.

Narretei

Jetzt wird`s lustig. Das Wort "Narretei" ist kein Wort, das ich normalerweise benutze. Klar, an solchen Beispielen werde ich immer wieder erinnert, dass ich ja für den Himmel schreibe, also mein Verstand Pause hat. Ich weiß natürlich, dass sie im Himmel wirklich lustig sind, das ist sonnenklar. Meine himmlischen Andiktierengel möchten ein bisschen Spaß auf die Erde bringen. Sie sind besorgt um unsere Leben- viel zu selten wird auf der Erde noch gelacht. Sorgenfalten sind auf den Stirnen zu erkennen- die Mundwinkel hängen hinunter... obwohl, das können wirklich nur die Engel sehen, denn **wir** sehen uns untereinander ja nicht mehr, mit diesen komischen Tüchern vor dem Gesicht. Ich vermisse die Zähne. Ja wirklich- du kennst doch sicherlich auch Menschen die lachen von einem Ohr zum anderen und zeigen ihr ganzes Gebiß in voller Breitseite. Herrlich! Tja, nichts mehr herrlich... Also das muss wieder aufhören, sowas kann nicht normal sein, dass man keine Zähne mehr sehen kann. Die Stimmen sind auch gruselig verzerrt, so dumpf...

Aber Blödsinn kann man doch trotzdem noch machen, oder? Wer ein lustiges Herz hat, findet immer was zum Lachen. Wenn die anderen schon unlustig sind, dann machst du selber Spaß. Nimm doch deine Mitmenschen ein wenig auf den Arm. Wenn du dich bei fremden Menschen nicht traust, weil du Angst hast, einer zieht dir eine drüber, dann ärgerst du halt ein bisschen deinen Mann oder Frau, je nachdem wen du zu Hause hast.

Falls du Kinder hast, dann hast du ja jede Menge zu lachen. Kinder machen ja permanent Sachen die lustig sind. Wenn sie klein sind sowieso, da könnte man sich wegschmeißen, was man da alles erlebt. Wenn sie größer sind, kann man auch Spaß haben mit ihnen. Es ist lustig sie ein wenig zu ärgern.

Es macht zum Beispiel einen Riesenspaß, wenn man ein pubertierendes Kind zu Hause hat und am Wochenende um 5.00 Uhr früh soviel Krach macht, dass es völlig genervt aus dem Bett springt... (haha) Habe ich selber gemacht mit der Ansage:

"So meine Liebe, nachdem du uns unzählige Sonntage nicht mehr ausschlafen gelassen hast, kannst du selbst spüren wie das ist, wenn man nicht in Ruhe schlafen kann!!!" Ihren Gesichtsausdruck vergesse ich nie! (das war wirklich lustig, (natürlich nur für mich))

Jemanden in den April zu schicken ist auch toll. Ich weiß nicht, ob man das überhaupt noch macht, dass man am 1. April jemanden wohin schickt, obwohl es dort nichts zu tun gibt, also jemanden ordentlich auf den Arm nimmt.

Das habe ich auch oft gemacht: Ich habe Arbeitskollegen oder die Nachbarn irgendwohin fahren lassen und am Ende habe ich mich gekugelt vor lachen.... Das war immer lustig... für mich!!! Ich erinnere mich- einmal, wurde mein Schwiegervater richtig sauer, als ich ihn "umsonst" wohin fahren lies!

Gut, jetzt ist der 1. April leider nur 1 Mal im Jahr.

Egal, Spaß kann man immer und überall haben. Das Leben ist viel zu kurz, um wie ein Trauerkloß herumzulaufen.

Ich frisiere mir manchmal die Haare so, dass ich aussehe wie Pippi Langstrumpf und bringe meine Familie damit zum Lachen.

Es gibt im Internet unzählige lustige Kurzfilme die private Menschen filmen. Du glaubst gar nicht was sich die Leute alles einfallen lassen! Die Chinesen sind ein sehr lustiges Völkchen, die drehen massenhaft lustige Kurzfilme.

Es gibt lustige Tierfilme, gerade mit Affen oder auch mit kleinen Kindern, einfach herrlich.

Die Narretei macht das Herz extrem weit auf. Mit einem Lachanfall bist du blitzschnell in den höchsten Schwingungsebenen. Da geschieht Heilung.

Falls dir was wehtut, kannst du versuchen den ganzen Tag lang zu lachen. Am Abend sind deine Beschwerden sicherlich weg, alles weggelacht- ABER: am nächsten Tag tut dir garantiert der Bauch weh vor lauter Lachen.

Ohne Worte

Ein lustiges Kapitel: Ohne Worte! Was soll ich denn da schreiben, wenn ich keine Worte benutzen kann? Wenn ich zum Singen anfange, kannst du es ja nicht hören.

Zwischen den Worten ist Stille. Das ist der Raum, indem Heilung geschieht.

Hast du schon einmal versucht, mit jemanden nur dazusitzen ohne zu sprechen?

Gell, da kommt man sich irgendwie blöd vor. Man sitzt und spricht nicht. Manchmal spricht man auch nur so dahin.

Kennst du das auch? Weil es peinlich wäre nichts zu sagen, redet man irgendeinen Schmarrn. (Blödsinn).

Kennst du folgende Situationen auch?

Wenn Energien sehr stark sind, also zwischen Personen oder in einem Raum, dass dir die Worte fehlen? Du fängst zu stammeln an und weißt nicht mehr weiter, du verlierst den sprichwörtlichen Faden.

Das passiert, wenn die Schwingung steigt, und das Gehirn aus-steigt. (grins)

Da kommt ein Moment, in dem man merkt:

"Ah, jetzt wäre jedes Wort zu viel oder falsch."

In solchen Momenten möchte man nur dieses himmlische Gefühl spüren, sonst nichts.

Ja, das ist dann der sprichwörtliche Himmel auf Erden.

Trau dich das nächste Mal einfach nichts zu sagen und nur zu schauen. Falls dir der richtige Mensch gegenüber sitzt, kannst du ihm auch noch tief in die Augen schauen. Das ist der Moment indem sich Seelen begegnen. Sie erkennen sich alleine dadurch, dass sie sich tief in die Augen schauen.

Warum habe ich geschrieben, der **richtige** Mensch?

Falsche Menschen, im wahrsten Sinne des Wortes: **Falschen** Menschen, sollte man nie in die Augen schauen. Die Augen sind das Tor zur Seele. Man lässt keine **falschen** Menschen bei sich zu Hause hineinschauen. Das könnte sogar gar nicht gut sein. Aber du wirst das natürlich genau spüren, wann jemand **richtig** ist und wann nicht.

Kleine Kinder halten den Blick oft unglaublich lange stand. Klaro, sie sind noch nicht so lange vom Himmel hierher gezogen, sie erinnern sich noch.

Es ist schön, jemanden von **früher**, also aus dem Himmel, wiederzutreffen.

Ein **alter** Freund, kann in allen möglichen Verkleidungen erscheinen. Ich habe in allen möglichen Erscheinung, alte Freunde getroffen.

Einmal war jemand noch ein kleines Kind, ein anderer Freund war männlich und 40 Jahre älter als ich, dann einer war ein Arbeitskollege, dann ein anderer alter Freund begegnete mir als mein Schwiegersohn, dann ein völlig fremder Mann begegnete mir und ich erkannte sofort wieder unsere "alte" Freundschaft.

Da genügt ein Blick und man **erkennt** sich wieder. In diesem einen Moment geht das Herz gaaaaaaaaaaaaaanz weit auf und die Freude ist himmlisch. Wenn ich heute noch an diese alten Freunde denke, also an die kurzen Begegnungen, dann geht mein Herz wieder so weit auf wie damals. Ich kann diesen Augenblick immer wieder in den Moment zurückholen. Diese Begegnungen habe ich alle in meinem Schatzkästchen in meinem Herzen aufbewahrt. Wenn mich die Welt wieder einmal angruselt, dann hole ich mein Schatzkästchen und die Welt ist wieder rosarot.

Wir sind nie alleine. Wir haben gewusst, dass es auf der Erde keine leichte Mission sein wird. Kein Planet ist so herausfordernd, wie die Erde. Also, ich muss mich gleich bei Mutter Erde entschuldigen, sie ist wunderbar. Unser Ort zum Wohnen ist paradiesisch. Nur sind die Menschen unbewusst und schrotten die schöne Natur, das ist gemein.

Nein, herausfordernd sind die unbewussten Menschen und diejenigen die keine Menschen sind, also die Dunklen. Die nerven ungemein, werden aber in kürzester Zeit umgesiedelt, um es höflich auszudrücken.

Das Leben ist wunderschön, man kann es lernen, trotz der Widrigkeiten Freude zu haben. Es ist alles reine Übungssache.

Ich bin mir sicher, du bist ein Meister dieser Übung, ich freue mich für dich.

Pflicht

Bei uns in Bayern gibt es einen Spruch, den sagt man, wenn einer zu einem sagt: "Du **musst**...bla-bla-bla..."

Dann antwortet man:" Ich **muss** gar nichts,

außer sterben."

Ja, genau so ist es doch, oder?

Ich möchte mit diesem Kapitelchen nur das Leben auf das Wesentliche reduzieren.

Du kennst das sicherlich auch zur Genüge, diese ratternden Gedanken um Dinge, die es "eigentlich" gar nicht wert sind, dass sich die Schaltkreise im Oberstübchen warmlaufen:

Mensch, ich muss noch ein Geschenk für Tante Trudes 75. Geburtstag kaufen, die Nachbarin hat mich gebeten den Hund während ihres Urlaubs zu beaufsichtigen und die Kindergartengruppe deiner Tochter braucht noch eine Mutti zum Basteln für Sankt Martin. (haha, jetzt fällt mir auf, dass diese Beispiele gar nicht mehr zeitgemäß sind...) Uiii, tragisch gell? Völlig normale Sachen sollen nicht mehr möglich sein... na ja, kann ich da nur sagen.

Egal, aber du weißt, auf was ich hinaus möchte:

Es gibt tatsächlich nur die Pflicht zu sterben. (grins). Pflicht ist auch gut!!

Nein, auch das ist nicht ganz korrekt. Wer sich entschieden hat in eine höhere Dimension aufzusteigen und auf die neue Erde umzuziehen, wird das mit dem Körper tun und nicht mehr sterben müssen, außer man will es. Das ist eigentlich auch cool: Solange zu leben, wie man will. Ich finde das toll, obwohl es mir völlig egal wäre, wenn jetzt der Boandlkramer klopfen würde und mich mitnehmen würde. Nicht, dass ich mich schon so alt fühlen würde oder krank wäre, nein, aber die Angst vor dem Tod habe ich abgelegt. Ich bin bereit. Alles ist getan.

Das ist die **Ur**-Angst in uns Menschen: Die Angst vor dem Tod. Alle Ängste, die es gibt, haben einen gemeinsamen Ursprung und der ist die Angst vor dem Tod.

Wenn du von Ängsten geplagt bist und die Sache schnellstmöglich erledigen möchtest, kannst du natürlich gleich mit der Ursache beginnen:

Deiner Todesangst.

Wenn du dich damit angefreundet hast, dass das Leben endlich ist- deines und das eines jeden Menschen oder auch anderen Lebewesens, dann hast du schon viel erreicht.

Schau, sobald du deinen nackten Hintern auf die Welt gesetzt hast, steht fest: Du wirst, ebenfalls nackt, den Planeten wieder verlassen.

Alles hat seine Zeit.

Deshalb sollte man auch nicht so unbedacht mit seiner Lebenszeit umgehen- denn sie ist begrenzt.

Sie mit unnützen Dingen zu verplempern ist nicht klug.

Mit "unnütz" meine ich nicht Dinge, die vielleicht ein wenig blöd erscheinen mögen, dir aber Spaß machen- dann sind sie nicht unnütz.

Alles, was du nicht wirklich möchtest, das ist unnütz.

Weißt du, es fließt keine Energie, wenn wir etwas tun, das wir nicht mit unserem Herzen tun. Das ist völlig nutzlos.

Stelle dir das so vor:

Du wäschst zum Beispiel Geschirr ab.

Dich nervt es total, weil du lieber im Garten auf der Liege in der Sonne braten würdest. Die ganze Zeit denkst du immer nur daran, wann du endlich fertig bist, damit du raus kannst aus der muffigen Küche. Deine Laune ist entsprechend schlecht. Dann fällt dir noch ein Teller hinunter. Jetzt musst du auch noch die Scherben aufkehren!!! Ohje, ohje, ohje!!!!

In diesem Fall ist dein Herzchakra und die anderen Chakren wahrscheinlich auch, völlig zu. Du hast vor lauter Wut die Schotten dicht gemacht!

So, also egal was auch immer du in diesem ungemütlichen Zustand tust, es kommt nichts Gutes dabei heraus. Freilich das Geschirr ist jetzt sauber, zumindest das was noch übrig ist..., aber es konnte keine Energie fließen. Du fühlst dich müde und erschöpft.

Es gibt ein Geheimnis:

Leichter im Leben wird es, wenn man viel Energie fließen lassen kann. Wenn du achtsam bist und die Augenblicke des Lebens bewusst erlebst, dann fließt Energie. Dann hast du wirklich etwas Großartiges geleistet. Immer dann, wenn Energie fliest, geht diese Arbeit in die große Himmelsdatenbank ein und wird für immer gespeichert bleiben, auch wenn es "nur" dein Geschirrwaschen ist. Wenn du es mit Hingabe tust, also indem du ganz da bist, dann fließt Energie, man könnte diese Energie natürlich Liebe nennen. Nein, man **muss** sie sogar Liebe nennen, denn das ist sie.

HERZENSENERGIE IST LIEBE

Viele spirituelle Schriften zeigen auf, dass Achtsamkeit und Hingabe für ein bewusstes Leben unabdingbar wären.

Wer mit Hingabe eine Gurke schneidet verschmilzt mit dem Objekt, er wird eins und ist selbst pure Energie. Wer so leben kann, wird nie Probleme haben seine Chakren, besonders das Herzchakra, zu öffnen.

Sie sind dann automatisch offen.

Weißt du, vielleicht kannst du Energien mit deinen Augen sehen, das ist eine tolle Eigenschaft. Falls ja, dann wirst du immer sehen können, wenn du die Liebe in die Welt hinausschickst. Falls nicht, dann wirst du diese Energie fühlen können, das ist wunderschön. Dieses Gefühl ist erhebend und wirklich himmlisch.

Es geht immer nur um **dich**, und nicht um die Gurke die geschnitten werden soll oder das Geschirr das gewaschen werden soll...

Es geht in Wahrheit immer nur um **dich**:

Immer dann, wenn du mit deiner ganzen Hingabe in diesen Moment hineingehst, hast du dein Herz offen und schleuderst deine Liebe hinaus.

Schau, stelle dir das so vor:

Du schneidest mit voller Hingabe die Gurken, dann ist **deine Liebe** mit in deinem Gurkensalat. So wirst du auch eine Heilerin für deine Familie und auch für den Kompost auf dem die Schalen landen. Da wohnen die Schnecken und Würmer. Sie fressen die Schalen und sind dann auch voller Liebe. (Vielleicht hast du Glück und die Schnecken begnügen sich mit deinen Schalen und gehen anschließend nicht zu deinem Kopfsalat um zu dinieren. (grins))

Es geht noch weiter:

Wenn dein Herz offen ist und die Liebe hinausströmen kann, hast du automatisch eine Aura, die lichtdurchflutet ist und riesengroß.

So, jetzt gehst du eine Runde shoppen und wirst ein paar Meter um dich herum die Menschen mit deiner Liebesschwingung beglücken. Sie werden sich in deiner Aura baden, denn da findet Heilung statt. Überall wo Liebe ist, findet Heilung statt. Ich meine nicht unbedingt Heilung im herkömmlichen Sinne von Beseitigung einer Befindlichkeitsstörung, nein, Heilung kann alles bedeuten. Geheilt muss auch die Seele werden, oder die verschiedenen Körperschichten, also die Aura.

So, jetzt kannst du, wenn du möchtest, vielleicht die aktuellen Zusammenhänge erkennen: Die Menschen sollen nicht mehr in des anderen Aura eintreten können...

Osho sagt, **das** ist Kreativität. Wenn man mit Liebe etwas erledigt, dann ist man kreativ. Nicht nur das Malen oder Musizieren ist kreativ. Er sagt alles, was mit Hingabe getan wird, ist kreativ.

Von meinem Freund Osho möchte ich hinüber hüpfen zu einem persönlichen Anliegen:

Vielen tausend Dank, dass du das Büchlein liest. Ich freue mich sehr darüber. Auch möchte ich mich ganz pauschal bedanken, für die nette Post die ich per E-Mail oder in meinem Blog oder als Rezession bekomme. Das freut mich ganz besonders, wenn sich jemand die Zeit nimmt, um mir zu schreiben.

In den Büchlein steckt die Energie der geistigen Welt des Lichtes.

Manchmal schreiben mir nette Leserinnen oder Leser, dass sie die Energien spüren können. Dann ist folgendes passiert:

Sie haben ihr Herz geöffnet und sich dem Lesen völlig hingegeben. Die Himmelsenergie kann fließen.

Diese Herzensenergie heilt. Dann ist alles perfekt.

Qualität

Qualität ist etwas, das verloren gegangen ist. Früher hieß es noch:

"Das ist eine deutsche Wertarbeit", wenn etwas besonders langlebig oder auch praktisch war.

Kannst du dir vorstellen, dass mein Quirl schon 36 Jahre alt ist, obwohl ich ihn wöchentlich ein paarmal im Einsatz habe?

Solch eine Wertarbeit produzieren sie heute nicht mehr. Haben sie es verlernt gute Dinge herzustellen?

Klar, wäre es heute auch noch möglich Produkte herzustellen, die langlebig sind. Nein, es ist nicht gewollt, dass ein Haushaltsgerät vielleicht sogar die Hausfrau überlebt. Die Konsumartikel sollen möglichst schnell kaputtgehen, damit ein künstliches Wachstum erzeugt wird. Stelle dir vor, jede Hausfrau würde nur 1 oder 2 elektrische Rührgeräte in ihrem Leben verbrauchen, das wäre ja eine Katastrophe! Eine echte Konsumbremse! Unser Dax würde ins Bodenlose fallen!

Tja, obwohl, wenn ich mir unsere Wirtschaft jetzt so anschaue, das ist ja irgendwie auch nicht mehr das Gelbe vom Ei.

Ich habe immer schon aus Umweltschutz-Gründen gegen die Globalisierung gewettert. Rohstoffe und Konsumartikel quer über den ganzen Planeten zu schicken, halte ich persönlich für unklug. Erstens wird die Umwelt mit allen Erdenbewohnern unnötig belastet und für die Wirtschaft der einzelnen Staaten ist es auch nicht gut.

Jetzt scheint den Menschen alles vor die Füße zu fallen- vielleicht war der Turm doch schon ein bisschen zu hoch. Klar, irgendwann ist der Bogen einfach überspannt. Man kann nicht ohne Rücksicht auf die anderen Erdenbewohner leben. Das nennt man dann rücksichtslos.

Ohne nachzudenken hat der Mensch Wälder abgeholzt, Bodenschätze aus dem Boden geholt und die neueste Oberschande ist: Jetzt schmeißt man den ganzen Plastikmüll ins Meer!!! Solchen Menschen würde ich gerne den gelben Sack auf den Teller kippen!

Schau im Meer wohnen so viele Lebewesen, dass man sie unmöglich zählen kann! Wenn das Wasser mit Plastik verseucht ist, dann schlucken die Meeresbewohner das, eine echte Katastrophe für unsere Mitbewohner im Wasser.

Es ist höchste Zeit umzukehren und wieder Produkte herzustellen die lange brauchbar sind und nach Möglichkeit nicht aus Plastik bestehen.

Ich weiß wirklich nicht, (obwohl ich weiß es schon) wer auf die blödsinnige Idee gekommen ist, Getränke in Plastikflaschen abzufüllen! So eine Flasche ist rucki zucki ausgetrunken und dann ist sie Müll, selbst wenn sie noch einmal befüllt wird.

Früher war alles in Glaspfandflaschen abgefüllt. Wieso musste man das ändern? Das ist wirklich eine Sünde.

Übrigens die Weichmacher im Plastik schädigen das Gehirn und die Spermien.

Ui, du merkst, wenn ich einmal über den Konsumwahnsinn und den Umweltschutz anfange zu wettern, kann ich mich kaum bremsen. Eine echte Herzensangelegenheit von mir.

Das aktuelle Szenario, so gruselig es auch ist, hat auch positive Aspekte für die Natur gebracht. Klar, je weniger die Menschen verreisen oder konsumieren, desto angenehmer ist es für unsere Mitbewohner die Tiere. Die Kreuzfahrtschiffe liegen vor Anker, die Flugzeuge sind in Spanien geparkt und der restliche Konsum ist auch merklich zurückgegangen..

Bevor du jetzt sauer wirst, weil du glaubst, dass ich das Szenario für gut heiße, da möchte ich gleich zurück-rudern.

Ich habe **nur** von den Auswirkungen, die wirklich positiv für die Umwelt sind, gesprochen, nicht von der ganzen Endzeitgeschichte, die natürlich alles andere als erfreulich ist, erst einmal. (Das Ende ist natürlich erfreulich, das weißt du ja selbst)

Reisen

Ich muss ein bisschen schmunzeln: Ich bekomme das Wort "Reisen" an diktiert. Tja, wenn ich momentan so schaue... mit Reisen ist da nicht viel los. Reisen ist toll. Schön ist es andere Menschen und Kulturen kennenzulernen, ganz besonders das Essen. Herrlich. Gut, ich brauche dir jetzt nichts über das Reisen zu erzählen, besonders wenn es jetzt nicht möglich ist, oder länger nicht mehr möglich sein wird. Jetzt ist eine Zeit zu Hause zu bleiben- sagt man uns...

Wenn wir in eine Situation geraten, an der wir nichts ändern können, ist es immer ein guter Ratschlag sich mit den Gegebenheiten abzufinden. und das Beste daraus zu machen.

Stelle dir vor, du kommst einmal in ein Gefängnis. Vielleicht liegt eine Verwechslung vor und du musst in den Bau einpassieren...!

Ohje, ohje, ohje, kann ich da nur sagen. Freiheitsentzug! Sicherlich einer der schlimmsten Dinge die einem passieren kann.

Gut, jetzt hast du 2 Möglichkeiten:

Du drehst durch und legst dich mit allen an, dann wirst du kein schönes Leben mehr haben, oder du schaust wie du die Situation für dich zum Besten drehen kannst.

Wenn du erkennst und verstehst, dass es jetzt überhaupt keinen Sinn macht, darüber nachzudenken wie schön es jetzt wäre frei zu sein, dann hast du schon den größten Teil der Erkenntnis gewonnen.

Freilich, du **musst** akzeptieren, dass dein Radius jetzt erst einmal stark eingeschränkt ist.

Wenn du den inneren Widerstand aufgibst und akzeptierst, dass du überhaupt nichts an dieser Situation ändern kannst, dann kehrt Frieden ein. Du wirst erkennen, dass es nur im Außen Mauern gibt. Dieser Frieden kann oft erst dann einkehren, wenn wir in solche unangenehmen Situationen kommen. Wenn uns die Verzweiflung packt, dann ist die Chance am größten dieses gigantische Gefühl des inneren Friedens zu spüren. Das ist Liebe pur- das ist Freiheit.

Manch einer kann auch eine Krankheit bekommen, die schnell zum Tode führen kann oder es schlägt eine Bombe im Nachbarhaus ein und man erschrickt fast zu Tode... Schreckensszenarien gibt es unendlich viele, die uns das Leben präsentieren kann:

Du hast die Wahl:

Entweder gehst du den Weg des Widerstandes: "Ich will das nicht!" Oder du nimmst die Situation an, als das was sie ist und kommst in den Frieden.

ABER: Natürlich musst du immer unterscheiden, wann nehme ich das Leben an, als das was es ist und wann **muss** ich, oder **will** ich, etwas verändern.

Sich nur auf das Sofa zu setzten und zu warten, ob das Christkind vorbeikommt, kann frustrierend sein... (grins)

Das ist die Kunst des Lebens:

Zu wissen, **wann** man handeln soll.

Gut, wenn du im Gefängnis sitzt, ist es eigentlich ganz leicht. Außer du hättest einen Plan im Kopf, wie du ganz leicht ausbrechen kannst. Ansonsten ist hier die Entscheidung kinderleicht.

Schwieriger wird es schon, wenn man mehrere Möglichkeiten hat und nicht recht weiss: Was, wie wo...

In diesen Fällen kann ich immer nur einen Ratschlag geben:

Höre auf dein Herz, dann bist du **immer** auf der richtigen Seite!

Vielleicht bekommt jetzt auch der eine oder andere die Möglichkeit sich leicht entscheiden zu können und in den Frieden zu fallen.

Wir haben jetzt wirklich außergewöhnliche Zeiten, in denen es sicherlich manch einen den sprichwörtlichen Vogel hinaus haut.

Gut, da kann man dann üben...

Ich durfte so etwas einmal erleben:

Vor vielen Jahren, ich war noch ganz am Anfang meiner Suche, habe ich mich ausgesperrt und verbrachte viele Stunden auf der Gartenbank sitzend, um zu warten, bis mein Mann heimkam.

Ich hatte keine Möglichkeit als zu warten.

Ich saß, zwischendurch turnte ich um nicht zu erfrieren, dann saß ich wieder.

Als ich aufhörte mich über mich zu ärgern und mich einfach mit der komischen Situation abfand-

kam wie aus heiterem Himmel urplötzlich dieser Frieden. Es kam eine Ruhe und ein wohliges Gefühl in mir auf, wie ich es vorher noch nie kennengelernt habe. Eine richtig wohlige Wärme durchzog mich. Nie mehr wollte ich dieses Gefühl hergeben.

Jetzt kenne ich diesen Zustand sehr gut und er ist für mich fast Dauerzustand geworden- doch damals...

Es war ein Geschenk des Himmels- eine **riesengroße Lektion!**

An diesem Nachmittag habe ich Hingabe gelernt und dafür solch ein wunderbares Geschenk bekommen, wie es schöner nicht sein kann.

Hätte ich mich stundenlang über meine eigene Dummheit geärgert, wäre ich frierend und sauer, vielleicht sogar noch krank geworden und hätte eine meiner größten Lehrstunden in meinem Leben verpasst. Nicht das Hinaussperren wäre dumm gewesen, nein, dass ich mich dann geärgert hätte, **das** wäre dumm gewesen!

Interessant gell? Manchmal sind es nur Kleinigkeiten, die dem Leben eine völlig andere Richtung geben können.

Oft ist es nur ein Gedanke, der über inneren Unfrieden, oder Wohlergehen entscheidet.

Wir erschaffen uns unser Leben selbst. Der Himmel ist auch auf der Erde, er ist nur einen Gedanken weit von uns entfernt, aber auch die Hölle, vergiss das nicht. Die Hölle ist kein Ort, an dem man kommt, wenn man böse ist- nein, die Hölle ist hier auf Erden. Wir entscheiden uns im Alltag permanent wo wir hingehen. Freilich gibt es auch die Bewohner der Finsternis, die nerven und uns gerne zu ihnen ziehen wollen. Auch das ist unsere Entscheidung mit wem wir kooperieren wollen: Mit den Himmelsbewohnern oder den anderen. Spaß macht es definitiv mit der geistigen Welt des Lichtes, das kann ich dir sagen, viel kann ich lachen mit meinen Freunden, mit den anderen nicht.

Die kann man gut erkennen, weißt du wie?

Sie sind nicht lustig. Sie verstehen keinen Spaß. Sie sind sogar richtige Spaßbremsen.

Also, wenn du ein schönes und lustiges Leben führen möchtest, dann richte dein Leben nach dem Himmel aus.

Dann kann überhaupt nichts schiefgehen. Die Himmelsbewohner sagen immer die Wahrheit und sind immer für uns da. Nur einen Gedanken weit sind sie von uns entfernt. Das ist toll:

Du denkst an jemanden in der geistigen Welt des Lichts und schwuppdiwupp, ist derjenige zur Stelle. Das geht blitzschnell. Bis du deinen Gedanken zu Ende gedacht hast, ist derjenige schon da.

Ja, die sind schnell...

... die im Himmel!!! (grins)

Steuern

Jetzt habe ich die Überschrift wieder gelöscht.

Wie heißen eigentlich jene die einen Text an diktieren? Moment, ich schau einmal nach: Ich habe nichts gefunden. Egal.

Als ich das Wort Steuern schrieb, habe ich Einwände angebracht:

"Ich möchte kein Büchlein über Abgaben schreiben! Ich mag diese Zwangserhebungen gar nicht!"

Nein, es sind keine Steuern im Sinne von Abgaben gemeint, sondern "das Steuern", also im Sinne von Lenken.

Aha, also so etwas wie Autofahren. Nein, es geht um den Busfahrer.

Ich soll dich erinnern, dass das Leben viel leichter ist, wenn man als Beifahrer Platz nimmt, oder in einem Bus mitfährt.

Freilich wollen wir unser Leben selber leben. Weshalb sind wir denn sonst in einem Körper inkarniert, wenn nicht dazu, ein Leben mit allem drum und dran zu leben?

Doch sehr vieles im Leben "passiert" einfach so, ob uns das schmeckt oder nicht. Schau, **vor** der eigenen Geburt, also noch im Himmel, schmieden wir einen Plan, was wir alles erleben wollen auf der Erde. Wenn du in den Urlaub fährst, planst du auch was du alles sehen möchtest, wo du übernachtest und packst dein Gepäck. So ähnlich ist das vor der Erdenreise auch: Du planst die Rahmenbedingungen und die Mitreisenden werden informiert und mit ihnen sprichst du alles Nähere durch.

Wenn du allerdings dann geboren bist und etwas in eine Richtung lenken möchtest die **gegen** deinen ursprünglichen Lebensplan gerichtet ist, dann könnte es sein, dass dein Leben aus dem Ruder läuft.

Das Problem ist, wir können uns nicht mehr an den Plan, den wir einst im Himmel geschmiedet haben, erinnern. So kann es sein, dass wir völlig "daneben leben"., das heißt, dass wir vielleicht sogar völlig am Lebensziel vorbeischrammen. **Super**! Setzen 6, Lebensziel nicht erreicht! **Wiederholen** ist angesagt!

Wir können gar nicht wissen **was** genau das Beste für uns ist.

Es ist nicht das Ziel aller Menschen ein seichtes Leben ohne Leid zu leben. Der eine möchte vielleicht eine Unterdrückung leben, der andere eine Umweltkatastrophe.

Manchmal ist ein Schicksalsschlag genau **das** was wir benötigen, um uns wieder ein wenig weiterzuentwickeln, oder vielleicht sogar zu erwachen.

Gelassenheit ist das Zauberwort.

Setz dich in den Bus rein und lass dich durch das Leben kutschieren. Gut, du musst ja nicht komplett alles an dir vorbeiziehen lassen, aber du kannst dich zumindest in Situationen, die du eh nicht ändern kannst, einmal zurücklehnen und schauen was passiert.

Setz dich in den Bus hinein und schau beim Fenster hinaus. Schau neugierig was es alles zu sehen gibt und wohin die Reise führt.

Das ist doch eigentlich voll spannend? Man setzt sich in einen Reisebus ohne zu wissen wohin die Reise geht. Vielleicht schläft man in der Nacht ein und in der Früh schaut man beim Fenster hinaus und ist in: Buxtehude!

Toll, das war ja nicht gerade spannend. Entschuldigung, falls du ein Leser aus Buxtehude bist und das Büchlein liest, ich kenne den Ort nicht, aber ihn "missbraucht" man gerne für solche Beispiele. Manchmal sage ich auch: Nowosibirsk. Obwohl da ist es vielleicht auch voll schön, bissi kalt... Aber ich liebe Russland. Ein herrliches Land und sooooo groß, dass man locker noch ein Plätzchen finden könnte um ungestört leben zu können.

In dieser schweren Zeit ist Gelassenheit eine goldene Eigenschaft. Wer sie geübt hat, wird es jetzt viel leichter haben. Menschen, die in sich gehen, haben es immer leichter in Krisen, da sie sich nicht so sehr im Außen orientieren. Die Welt fliegt uns gerade um die Ohren, wer in sich aufgeräumt hat, kann natürlich gelassen das Kommende erwarten.

Wer den ganzen alten Schrott entsorgt, also im Innersten so richtig ausgemistet hat, der hat auch keine Resonanzflächen mehr, mit denen er aus der Reserve gelockt werden kann.

Das sind die wahren Meister unserer Zeit.

Falls du so jemanden kennst, gebe ich dir den gut gemeinten Rat:

Hänge dich an ihn wie eine Klette- so wirst du gut beraten und geschützt durch diese stürmische See schippern.

Diese Felsen in der Brandung sind jetzt sehr wichtig für Menschen die schnell nervös werden.

Klar, wenn jemand sich noch nie Gedanken über sich selbst oder das Leben gemacht hat, also so dahin lebt, der kann natürlich völlig schockiert werden, wenn es zur Sache geht.

Deswegen hat der liebe Gott in dieser Endzeit viele alte Seelen gebeten diesen Dienst noch einmal auf der Erde anzutreten.

Sie sollen sich um die nervösen Mitbürger ein bisschen kümmern. Ihre Sorgen und Nöte wollen gehört oder gar zerstreut werden.

Alte Seelen wissen, dass diese vogelwilde Geschichte gut ausgeht. Das Ende ist schon längst besiegelt, da gibt es nichts mehr zu rütteln.

Jetzt beginnt in ein paar Tagen offiziell das Wassermannzeitalter, also die neue Zeit in der wieder das Licht regiert. Die Dunklen werden geholt und das Leben auf der Erde wird wieder angenehm sein. Es wird ein schönes und leichtes Leben voller Liebe, Mitgefühl und grenzenloser Freude sein.

Niemand muss mehr Angst haben, wenn er im Dunklen hinausgeht.

Wovor auch?

Wenn es keine bösen Menschen mehr gibt, dann wird die Sache gleich viel entspannter!

Ach, ich freue mich so. Jeden Tag freue ich mich noch mehr. Klar, nach draußen darf ich nicht schauen, also ich meine in die Welt hinaus, da könnte es mir auch den sprichwörtlichen Vogel hinaus hauen!

Klar, irgendwie stimmt jetzt gar nichts mehr. Ich bin mein Leben lang schon sehr wach, also nicht im Sinne von gescheit, nein überhaupt nicht, sondern im Sinne von: Mir kann niemand ein X für ein U vormachen.

Doch bin ich mir trotzdem bewusst, daß ich nichts weiß.

... Ich weiß, daß ich nichts weiß... Das hilft mir immer auf dem Boden zu bleiben.

Ich erkenne die Wahrheit sehr schnell. Vielleicht deswegen auch schneller als manche Menschen, weil ich eben **nicht** gescheit bin.

Also mein Gehirn ist nicht so zugemüllt mit unnützen Daten. Mir hat erst eine Ärztin geschrieben, die jetzt gerade erst am Aufwachen ist, dass es für sie unwahrscheinlich schwer ist, das Gelernte wieder über Bord zu werfen. (zumindest das meiste)

Große Erfinder, Philosophen oder andere großartige Menschen der Weltgeschichte, waren meist ungebildet. Wer Maschinenbau studiert hat, kann seinen Verstand sicherlich nicht so leicht frei machen für neue Erfindungen. Klar, das Wissen von Generationen vor ihm, bekommt er jetzt gelernt und das sitzt fest im Kopf. Da noch Platz im Gehirn für etwas komplett sensationelles Neues zu haben ist fast unmöglich. Deswegen treten wir schon lange Zeit auf der Stelle. Bahnbrechende Erfindungen gibt es schon sehr lange nicht mehr. Gut, wenn das Handy eine Funkion mehr hat als das Vorgängermodell... das ist ja nicht wirklich sensationell. Ich meine so etwas wie die Erfindung des Grammophones zum Beispiel oder des Autos, das war etwas komplett Neues.

Gut, es gibt natürlich einige sensationelle Erfindungen, die in Schubladen liegen und nicht herauskommen dürfen, weil die Zeit noch nicht reif ist. Aber in Kürze wird es soweit sein. Da werden wir alle Bauklötze staunen, was alles möglich ist. Die, mit ihren lächerlichen Elektroautos, die toll für die Umwelt sein sollen... Und woher kommt der Strom? Nein, der kommt nicht sauber aus der Steckdose, vorher wird er mit Kohle erzeugt und die ruselt erst einmal kräftig stinkend in den Himmel! Haha, alles eine Mogelpackung. Auf der neuen Erde beamen wir, da brauchen wir keine Autos mehr. Eine glanzvolle Epoche wartet auf die Menschheit.

Komm, wir gehen zusammen über die Lichtbrücke auf die neue Erde und lassen das Alte zurück.

Es wird traumhaft.

Transformation

Transformation ist so etwas wie eine Umwandlung. Viel liest man von Transformation der Menschheit, doch was ist damit genau gemeint? Warum muss man die Menschheit transformieren? Ist sie vielleicht nicht gut genug?

Wir sind am Ende der Dunkelzeit angelangt und am Beginn einer Blütezeit. Man könnte auch sagen, der Anfang vom Ende, obwohl, **noch** ist der Anfang nicht so richtig da, aber schon in Sichtweite.

Klar, also so wie sich jetzt die Gesellschaft entwickelt hat, kann es unmöglich weiter gehen. Tja, welche Gesellschaft eigentlich?

Eine Gesellschaft ist eine große Gemeinschaft von Menschen. Irgendwie ist es eine große Familie. Klar, in einer Familie gibt es auch gelegentlich Reibereien, das ist auch nicht schlimm.

Der Wert einer Gemeinschaft, also einer großen Familie, zeigt sich vielmehr daran, wie der Zusammenhalt ist, und ob es noch Werte gibt.

Seit Menschengedenken und auch heute noch in naturverbunden Kulturen, werden die Alten geehrt. Wenn es um Heilung geht oder aber um Schlichtung, dann sind es die älteren Menschen die solche Tätigkeiten ausführen. Ist ja auch logisch: Jemand der schon ein paar Jahrzehnte auf dem Tacho hat, kann aus einem großen Wissenspool schöpfen.

Viele Kulturen haben ganze Gremien mit alten Leuten, die sich dann versammeln, wenn es um Fragen im Zusammenleben geht. Eine feine Sache.

Schamanen geben auch ihr Wissen, wenn sie alt geworden sind, an junge Menschen weiter, die auch heilend tätig werden möchten. So geht wertvolles Wissen über die Kräuterheilkunde oder Zeremonien nicht verloren. Heilung hat nichts mit Konzernen die gewinnorientiert arbeiten, zu tun. Nein, hier wird Heilung noch aus dem Herzen gegeben. Heilung kann immer nur von Mensch zu Mensch und aus Liebe gegeben werden. Ein Großkonzern, der chemische Pillen verkauft, die ohne jegliche Energie sind, können nicht heilen, sondern nur, wenn überhaupt Symptome bekämpfen. So, bevor mir jetzt ein empörter Arzt einen Brief schreibt: Wenn ich von echter Heilung spreche, meine ich immer die Heilung des **ganzen** Menschen. Also die Seele, den Körper und auch die Aura sind immer mit einzuschließen.

Freilich sind wir alle manchmal echt froh, dass es Tabletten gibt, keine Frage. Wenn ich mir vorstelle es ist Wochenende und ein Zahn fängt an zu toben... Auweia!!! Oder man muss aufgrund eines Missgeschickes wieder zusammengeflickt werden, da kann man wirklich dankbar sein, wenn schnell tatü-tata die Sanitäter anbrausen und Tabletten oder Spritzen im Gepäck haben! Ein echter Segen sind diese Menschen, die sofort zur Stelle sind, wenn man sie dringend braucht. Ein herzliches Dankeschön an alle Sanitäter von mir!

Die Notfallmedizin ist wirklich klasse, aber die Heilung findet dann anschließend statt.

Unsere Organe melden sich und man kann gut und leicht erkennen, wo denn der Schuh drückt:

... es ist mir etwas über die **Leber** gelaufen...

...da schnürt sich mir der **Hals** zu...

...das geht mir an die **Nieren**...

und so weiter.

Wenn wir aufsteigen, werden wir wieder als eine gesunde Gesellschaft zusammenleben. Eine liebevolle Gemeinschaft die einander achtet und auch hilft. Da werden wir nicht in bestimmte Gruppierungen ausgesondert und extra "gehalten". Ich muss es wirklich so sagen. Heime, ob für die alten Menschen oder auch Tagesstätten für die Babys, na ja...

Ich fände es zum Beispiel schön, wenn Alt und Jung zusammenleben. Früher war es ja auch so. Da haben die Omas und Opas auf die Enkel aufgepasst, die Jungen waren entlastet und die alten Menschen waren so beschäftigt, dass sie gar nicht auf die Idee gekommen sind und an Alzheimer erkrankt wären.

Das ist eine echte Win-win-Situation.

Es wird viele Modelle des Zusammenlebens auf der neuen Erde geben. Ja man sollte es dick schreiben: **Zusammen**lebens!

Jetzt wird die Menschheit gerade auseinander gerissen! Das darf nicht sein. So kann ein Leben nicht lebenswert sein! Hier läuft was in eine völlig falsche Richtung, aber nicht mehr lange, der Aufstieg steht unmittelbar bevor.

Ich freue mich wie ein kleines Kind.

Urgetreide

Kennst du diese Begriffe? Urkorn oder Urkarotte? Meist sind das alte Sorten, sagt man. Diese Gemüse oder Getreidesorten, sind noch unverfälscht und daran ist noch nichts herumgezüchtet worden, somit dienen sie viel mehr unserer Gesundheit, als gentechnisch verändertes Gemüse. Ich kaufe meine Samen bei dem Verein dreschflegel. Sie machen sich die Mühe und sammeln diese wertvollen Samen. In ganz Deutschland gibt es Menschen, die verschiedenes Gemüse kultivieren und die Samen dann für den Verkauf trocknen. Anfangs, also schon vor Jahren, hatten sie erst ein paar Sorten, jetzt ist schon ein sehr stattliches Sortiment entstanden. Diese Arbeit ist extrem wichtig- warum?

Großkonzerne sind gewinnorientiert, dementsprechend ist es ihnen egal, ob wir gesund bleiben. Gemüse das konventioniell mit Hybridsamen gezüchtet wird, ist für unseren Körper, der lebendige Nahrung benötigt, nicht geeignet. Hier findet man keine Vitalstoffe mehr, weil die Pflänzchen aus völlig denatorierten Samen gezogen werden, dann meist ohne Erde im Schnellverfahren wachsen und oftmals sind sie auch noch gentechnisch verändert. Wenn sich die Menschheit weiter nur von solchem Schrott ernähren würde, dann hätte die Pharmaindustrie bald satte Gewinne zu verzeichnen, weil viele nur noch kränkeln.

Klar, irgendwoher müssen ja die Zivilisationskrankheiten kommen!

Falls du ein kleines Gärtchen hast, oder einen Balkon, dann zieh dir doch ein paar Tomaten oder Paprikaschoten selbst, du wirst begeistert sein. Die Früchte haben einen sensationellen Geschmack, klar, sie sind noch so wie sie sein sollen, einfach himmlisch.

Man kann auf kleinstem Raum Gemüse anbauen. Wenn du in Miete wohnst, dann stelle auf den Rasen, den kein Mensch braucht, ein Hochbeet auf und planze an. Du wirst sehen, die anderen Mieter werden sich freuen und gleich auch ein paar Tomaten im Putzeimer dazustellen. Solche Aktonen ziehen Menschen an und verbindet! Gemeinsamkeiten machen Spaß! Da gibt es etwas zum Fachsimpeln und schon lernt man sich besser kennen.

Ich schreibe dir den Link des Vereins auf:

https://www.dreschflegel-saatgut.de/

Verein

Das ist lustig, man sagt doch, die Deutschen gründen gerne Vereine, das wäre eine ihrer Lieblingsbeschäftigungen. Ich weiß nicht wie viele Vereine bei uns gemeldet sind, aber es sind sicherlich ein paar Dutzend. Uii, jetzt habe ich nachgeschaut: Zirka 600 000! Vereine sollen bei uns gemeldet sein. Das ist beachtlich. Komm, lass uns auch einen Verein gründen.

Ein Verein in dem man einfach nur Spaß hat. Wir treffen uns regelmäßig in einem wunderschönen Holzpavillon mit herrlichen Holzbänken. Dann trinken wir kalte Schorle oder ein Radler- vielleicht magst du lieber einen Kaffee oder Kuchen.

In diesem Verein gibt es keine Regeln oder Statuten. Auch gibt es keinen Vorstand. Wir werden auch kein Programm haben.

Wir sind frei und bestimmen selbst was wir zusammen unternehmen wollen. Spontan wird uns sicherlich einiges einfallen. Einige werden eine Wanderung machen, um die neue Erde anzuschauen, die anderen wollen vielleicht ein bisschen trällern und wieder andere werden sich auf die Holzterrasse begeben und eine flotte Sohle auf das Parkett legen.

Weißt du was? Wir werden einfach nur leben, Spaß haben und genießen, ohne irgendetwas zu bezwecken.

Was ist denn der eigentlich der so oft zitierte "Sinn des Lebens?"

Die Antwort ist ganz einfach:

Es gibt keinen.

(Das ist ganz schön gemein, so etwas zu schreiben, oder eher lustig...)

Man lebt sein Leben einfach nur so, weil man da ist. Warum sollte es einen Sinn geben? Schon die Frage schickt uns in die Zukunft, also wieder weg vom Leben selbst.

Leben findet hier statt in diesem Moment. Jetzt stelle ich mir die Frage nicht, weil ich meinen Spätzleteig anrühre. In diesem Moment ist genau **das** mein Sinn: Ich mache Spätzle, damit ich und meine Familie, Mittags wieder etwas im Bauch haben, sonst werden wir in ein paar Stunden grantig und es könnte ungemütlich werden. Klar, mit hungrigem Magen, ist man nicht so ganz entspannt. (lächel)

Ja ein Verein, der keine Regeln hat, der jeden willkommen heißt, und der kein bestimmtes Ziel verfolgt! Oder doch eines schon:

Einfach nur grundlos glücklich zu sein.

Ich denke da sind wir uns einig, du und ich: Glücklich sein, einfach so ohne Anlass, ist ein erstrebenswertes Ziel.

Diese innere Ruhe...

...einfach dieses wohlige Gefühl...

... nur **das** sonst nichts...

Genau **das** reicht völlig aus. Frieden im Herzen mit sich selbst erschafft Frieden mit dem Rest der Welt.

Das ist die Gnade Gottes.

Wenn alles abfällt, was nervt, dann bleibt die innere Ruhe übrig, nach der wir uns alle so sehr sehnen.

Ist die Ruhe im Herzen eingekehrt, oder **wieder** eingezogen, dann schwappt dieser Frieden über auf die anderen und sie werden angesteckt.

Haha, schon wieder eine Ansteckung! Sagenhaft!

Ja der Frieden im Herzen ist ansteckend. Menschen, die zusammen sind stecken sich gegenseitig an- die Liebe ist in der Aura gespeichert und hüpft von Mensch zu Mensch. Ich weiß, es gibt neuerdings solche Sachen wie: "Achtung, nicht so nah zusammenzugehen!!!"

Vielleicht will man nicht, dass sich die Liebe von Mensch zu Mensch ansteckt? Vielleicht ist es nicht gewollt, dass diese Ruhe und der Frieden von einem Menschen zum nächsten übertragen wird...

Ein Schelm der Böses dabei denkt.

Bewusste liebevolle Menschen tragen diese Herzensliebe in sich und infizieren sowieso alle und jeden den sie treffen. Das lässt sich nicht verhindern. Wer bewusst die Welt mit seiner Liebe fluten möchte, kann das auch einfach so machen. Das geht ganz einfach:

Alleine dieses sagenhafte Gefühl der Liebe in sich zu fühlen ist schon genug. Gut, wenn du jetzt ein Stubenhocker bist, ist es natürlich hilfreich, wenn du dir Ziele aussuchst, um diese schöne Energie gezielt zu leiten. Du kannst sie an bestimmte Menschen adressieren oder an ganze Länder, auch in ferne Galaxien... egal wohin, deine Liebesenergie kommt immer da an wohin du es möchtest. Wenn sie jemand nicht will, weil er sein Herz verschlossen hat, dann prallt sie ab und schwirrt wieder zu dir zurück... auch kein Fehler.

Du kannst nie etwas falsch machen- alleine durch diese Art der Lichtarbeit bist du gesegnet. Der liebe Gott wird dir das honorieren indem er dir genauso viel Liebe, und noch viel mehr, zurückschickt.

Du beschenkst dich so garantiert selbst am allermeisten. Das ist doch eine tolle Einrichtung des Himmels: Indem du Gutes tust, bekommst du genau **das** wieder zurück, und noch viel mehr.

... das "noch viel mehr" ist quasi ein Bonus.

Ich sage ja immer: Unsere Freunde im Himmel, sind wirklich unsere Freunde!

Noch ein kleiner Tipp am Rande: Wenn du die Liebe wohin schickst könntest du auch die violette Flamme mitschicken, die wird ebenso benötigt. Gerade in diesen unruhigen Zeiten, in denen es ganz schön zur Sache geht, wird Reinigung dringend benötigt.

Viele Kämpfe werden jetzt auf der Straße ausgetragen, sogar in unserem Land. Da kochen die Emotionen hoch- genau diese

Energie, die da frei wird, sollte transformiert werden. Klar, Menschen, die auf die Straße gehen, haben ja ein Anliegen. Sie fühlen sich hilflos und möchten sich Gehör verschaffen. Da ist aber meist keiner da, den man einmal ordentlich anbrüllen könnte. Gut, es gibt natürlich Vertreter die gegenüberstehen, aber mit denen kann man auch kein ordentliches Gespräch führen, wie man aktuell sehen kann.

Also wird viel Wut frei und natürlich auch Aggression. Wenn so ein Wochenende wieder vorbei ist, hängt quasi der energetische Schmutz überall herum. Genauso wie du deine Wohnung immer wieder einmal mit Räucherstäbchen reinigst, so sollten wir an diesen Brennpunkten ordentlich durchfegen.

So können wir im Hintergrund enorm viel bewirken.

Wenn wir die kritische Masse erreicht haben, sind wir in einem freien und selbstbestimmten Leben angekommen!!!

Das ist unser höchstes Gut- die Freiheit, darauf haben wir ein Recht- unser Geburtsrecht.

Wahrheit

Klar, was sollte sonst bei dem Buchstaben "W" kommen, als die Wahrheit?

Jesus hat gesagt:

"DIE WAHRHEIT WIRD EUCH FREI MACHEN!"

Diese Botschaft sollte man sich einmal genauer anschauen. Warum hat er das gesagt? Jesus hat uns viele bedeutende Botschaften hinterlassen. In ganz einfachen Sätzen stecken meist große Botschaften.

Gut, jetzt könntest du vielleicht denken:

"Na ja, soooooooooo schlimm ist das auch nicht, wenn man ein bisschen flunkert!"

"Das tun wir doch alle einmal, dass wir nicht **ganz** ehrlich sind, also nur halb-ehrlich"

Klar, ich denke Jesus meinte sicherlich nicht die kleinen Lügen, die man vielleicht aus Höflichkeit sagt. So etwas wie:

"Nein, du hast überhaupt nicht zugenommen, du hast immer noch eine klasse Figur!"

Oder, wenn man jemanden beim Klassentreffen das erste Mal seit der Schulzeit wieder sieht:

" Hallo Brigitte, Mensch du schaust ja klasse aus, du hast dich überhaupt nicht verändert!"

Ja klar, man möchte niemanden verletzten, indem man ihm die ungeschminkte Wahrheit sagt... (grins)

Gut, natürlich ist es besser, man sagt in diesem Fall nichts, wenn jemand sagen wir: Nicht mehr ganz so taufrisch aussieht...

Es ist sowieso besser sich anzugewöhnen, nicht immer soviel zu reden. Schweigen und die Schwingung zu fühlen, ist eine feine Sache, auch wenn mehr Menschen zusammen sind. Ich weiß, das muß man auch erst einmal aushalten können, das einfache **nur** da-sitzen.

Aber zurück zu Jesus:

Mit dieser Aussage, hat er die Wahrheit gemeint, die größer ist als alles andere auf der Welt. Es geht darum die Zusammenhänge zu erkennen.

Die Erkenntnis, dass man sich ein bisschen bemühen muss, um die Wahrheit zu finden, denn sie wird uns frei machen.

Jetzt wirst du mir entgegnen:

Wir sind doch frei. Ich kann jeden Tag hinfahren, wohin ich möchte... (Gerade wurde für unser Land genau **das** untersagt...ztztzt...)

Es geht aber noch tiefer:

Die **innere** Freiheit ist es die wir finden sollen.

Die Botschaft ist an unser Innerstes gerichtet. Unsere Seele ist natürlich frei. Wir sind nur eine gewisse Zeit mit einem Körper unterwegs, sonst wären wir ja unsichtbar. Dann könnten wir das Erdenspiel nicht mitspielen.

Geister sind nicht auf der Erde zugelassen, mangels Masse!!! (haha)

Wir haben nur mit unserer Inkarnation diese wichtigen Dinge vergessen und müssen sie jetzt mühsam wieder lernen.

Du musst oder darfst, **deine** Wahrheit natürlich selbst suchen und finden. **Meine** Wahrheit nützt dir natürlich gar nichts. Du würdest sie lesen und sie aber nicht in deinem Herzen verankern.

Sie wäre für dich dann lediglich eine Geschichte wie aus einem Groschenroman.

Wahrscheinlich hast du sie schon gefunden, das ist natürlich großartig.

Je mehr Menschen aufwachen, umso schneller sind wir frei und können auf die neue Erde ziehen.

Jetzt fällt mir der Moses ein, als er sein Volk mitnehmen wollte und nicht konnte, weil der Pharao seine Sklaven behalten wollte. Nachdem Moses ordentlich Druck auf den Pharao ausgeübt hat, ließ er ihn mit seinem Volk ziehen.

Vielleicht hilft dir oder einem anderen Leser die Geschichte mit dem Moses beim Erkennen der Wahrheit.

Der Aufwachcode lautet:

DAS HIMMELREICH IST IN DIR

Wir sind alle miteinander verbunden, das ist **eine** der großen Wahrheiten.

In dieser turbulenten Zeit ist es unumgänglich die Wahrheit zu finden. Wer sich an der Nase herumführen lässt und in eine Richtung läuft, die sich nicht die Wahrheit auf die Fahnen geschrieben hat, kann schnell in einer Sackgasse enden. Das könnte ein wenig ungemütlich werden. Keine Sorge ich möchte hier keine Angst verbreiten!!! Nein, das wäre ja schön dumm von mir. Ich möchte so viele Menschen wie möglich in eine hohe Schwingung bringen, damit es ihnen und uns allen gut geht. Durch die Verbindung zieht einer den anderen mit, das ist toll, kann aber im umgekehrten Sinn auch für die Angst gelten, auch die ist ansteckend und kann uns runterziehen.

Jetzt ist das Endspiel angepfiffen, das Spiel läuft schon. Es scheint spannend zu sein, ist es aber bei näherer Betrachtung nicht wirklich. Durch die Prophezeiungen und anhand der Botschaften aus der geistigen Welt des Lichtes, wissen wir, dass wir gewinnen. Klar, ein Spiel, von dem man weiß, wie es ausgeht, ist eigentlich megalangweilig. Dieses Mal nicht, da wirst du mir sicherlich Recht geben:

Dieses Mal haben wir keine Lust mehr zu zittern, wer denn gewinnen wird!

Nein, jetzt ist Schluss mit dem ewigen vortäuschen falscher Tatsachen!

Immer und immer wieder diese Märchen! Nein, irgendwann kann man es nicht mehr hören. Sooft haben wir uns diese Geschichten angehört, nein, jetzt wird es endlich Zeit, dass wir wieder schön miteinander leben können.

Frieden und Freiheit ist unser oberstes Gebot. Wir möchten ein Leben führen wie **wir** es wollen. Ständig wie kleine Kinder behandelt zu werden, ist irgendwann nicht mehr lustig.

"Du darfst nicht so schnell Auto fahren, das ist gefährlich!"

"Du musst immer schön deine Abgaben zahlen, sonst bekommst du einen bösen Brief!"

"Du darfst nicht dein Auto abstellen, wo ein Schild "verboten" steht.

"Du darfst nicht durch eine Fußgängerzone mit deinem Auto fahren!"

(grins) Das habe ich einmal gemacht! Ehrlich! Aber unbeabsichtigt. Früher lieferte ich Waren aus und musste in der Stadt immer schauen, wohin ich musste. Ich war so beschäftigt mit den Straßenschildern zu lesen, dass ich plötzlich in der Fußgängerzone landete. Es war noch früh und nicht viel los. Bis ich es merkte war ich schon durch, da sah ich dann das Schild! Na ja, also ich habe niemanden umgefahren, also war es kein Problem.

Weißt du, wir sind doch denkende Menschen mit einem offenen Herzen. Wir können doch selbst entscheiden, wo wir unser Auto parken können und wie wir uns benehmen sollen. Menschen mit einem offenen Herzen sehen doch, wenn jemand Hilfe benötigt. Dafür brauche ich keine Leute, die mir das Geld aus der Tasche ziehen, um damit Unsinn zu machen. Ich bin dagegen, dass mit meinen Abgaben Kriege finanziert werden. Natürlich möchte ich auch nicht, dass mit meinem Geld die Natur kaputt gemacht wird.

.... und noch ganz viel mehr...

Freilich ist es nicht falsch, wenn sich die Menschen zusammentun und in einen großen Topf Geld einbezahlen, mit dem dann einer Gutes tun kann.

Aber nur dann!!!

Schau, man könnte doch zum Beispiel einen Topf nehmen und jeder legt eine bestimmte Summe regelmäßig hinein. Wenn jemand in Not kommt, bekommt er den angesparten Inhalt. So einfach wäre es.

Weißt du was?

Eine Gemeinschaft, die diese Bezeichnung auch verdient, wird sich natürlich um Geld niemals streiten. Sie werden gerne geben, weil sie ein mitfühlendes Herz haben.

Wenn wir wieder lernen, dass mehr als genug auf dem Planeten für jeden von uns vorhanden ist, dann müssen wir kein Mangelbewusstsein mehr haben.

Wir sind Schöpfer und können immer alles haben, was wir wollen. Weißt du was toll ist? Das gilt nicht nur für uns, sondern für **alle** Menschen.

Weißt du warum jetzt die meisten Menschen so bitter arm sind?

Die Antwort ist traurig:

Weil sich einige wenige, die sich überhaupt nicht benehmen können, das allermeiste einfach ergaunern. Das ist der Grund.

Das muss aufhören.

Nein, ich bin überhaupt nicht dafür, dass alle das Gleiche haben **müssen**. Wozu auch? Das kann doch jeder machen wie er will.

Zum Beispiel ein Yogi, der ein Leben in völliger Enthaltsamkeit führen möchte, dem würde ich nicht mit Gewalt einen Swimmingpool bauen, nur damit er auch wie alle anderen auch, das **gleiche** hat! (grins)

Genau **das** wäre ja auch schon wieder eine Art von "bestimmen". Aber genau **das** muss doch aufhören, dass immer irgendeiner den Menschen etwas vorschreibt oder Geld oder Güter verteilt.

Mit 18 Jahren sind wir volljährig. Ich konnte damals diesen Zeitpunkt kaum erwarten. Endlich war ich der Bestimmer meines Lebens! Endlich konnte ich tun und lassen was ich wollte. Nun konnte ich wegbleiben so lange **ich** wollte! Herrlich, endlich frei!!!

Na ja, dann begann die Zeit der Suche. Ich hatte immer das Gefühl, irgendwas stimmt hier nicht. Kennst du das Gefühl auch?

Du überlegst, was du im Keller wolltest und hast es vergessen...

So ging es mir sehr lange, bis ich eine Antwort fand. Dieses Gefühl war mein Antriebsmotor um zu suchen. Ich hätte nie meine Ruhe gefunden, wenn ich die Wahrheit nicht entdeckt hätte.

Ich habe den Code geknackt, dann war es leicht.

Wenn man einmal verstanden hat wie das Weltgeschehen funktioniert, muss man sich nie mehr groß bemühen. Diese Formel kann man immer wieder anwenden und sie passt zu 99 Prozent. Mir reicht diese Trefferquote.

Ich muss nur die Meldungen umdrehen, dann weiß ich die Wahrheit. Wenn einer sagt: Morgen scheint die Sonne, dann weiß ich zu fast 100 Prozent, daß es regnen wird. Die Wahrheit steht nur auf dem Kopf, genau das Gegenteil wird erzählt.

Ja, ich weiß es gibt viele Menschen, einige davon schreiben mir auch, die sagen:

"Ach, mir ist das alles wurscht. Die sollen doch machen, was sie wollen, ich kann ja eh nichts ändern. Ob die hü oder hott machen- was macht das für einen Unterschied. Ich bin ja nur ein kleines Lichtlein..."

Das "kleine Lichtlein" ist nicht klein, das ist schon die erste Illusion. Schau, wenn du dich erinnern könntest, wüsstest du welch unermessliche Kraft du hast.

Diese Kraft wieder entdecken kannst du ganz leicht:

Wenn du die Wahrheit gefunden hast, wirst du wieder gaaaaaaaanz groß werden. Dir wird richtig ein Licht aufgehen und genau **das** wird über die ganze Erde leuchten, bis in den Himmel hinauf.

Du kennst doch sicherlich den lapidaren Ausspruch:

"Hoffentlich geht dem bald einmal ein Licht auf!" (haha)

Metatron sagt mir gerade, dass die Engel immer von den Wolken zu uns hinunterschauen. Sie sitzen auch manchmal nur so herum und schauen auf die Erde. Klar, für sie ist das wie für uns eine Sendung im Fernseher anzuschauen. Da haben sie auch ein buntes Programm:

Von Drama über Liebesgeschichten bis hin zu Mord und Totschlag, ist alles dabei!

Wenn einem Menschen auf der Erde ein Licht aufgeht, also wenn es wieder einmal einer kapiert hat wie es läuft, dann freuen sich die Engel im Himmel so sehr, dass sie anfangen zu tanzen und zu singen!

Es ist solch eine Freude für sie, dass sie diese hinaussingen müssen. Sie hüpfen und trällern was das Zeug hält!

Wenn du einmal ganz still bist, kannst du die Engel singen hören und weißt in diesem Moment:

"Jetzt ist wieder ein Mensch erwacht!"

Wenn eine gewisse Anzahl Menschen erwacht, also eine kritische Masse erreicht ist, dann kippt das Verhältnis hell zu dunkel und bumm, sind wir da. Das ist der Aufstieg. Da wir nicht wissen, ob wir noch 1000 Checker brauchen oder vielleicht nur noch 5 oder gar nur noch einen, sollten wir uns immer bemühen so viele Menschen als möglich zu wecken.

Freilich, wir haben ja gelernt, nicht die Holzhammermethode zu benützen, das bringt nichts. Nur durch **unser eigenes** Licht können wir andere wecken. Wenn wir hochschwingen, werden wir andere mitreißen, das geht gar nicht anders.

Liebe steckt an, auch die Wahrheit ist ansteckend.

Die Wahrheit ist nicht diskutierbar.

Lasse dich nie auf eine Diskussion ein, wenn du die Wahrheit gefunden hast. Menschen, die mit dir diskutieren wollen, möchten dich von deinem Weg abbringen. Dein Weg ist für das Gute und das ist nicht diskutierbar.

Gott ist nicht diskutierbar.

Jesus sagt: Man kann nur **einem** Herrn dienen.

Gerade jetzt kommt mir die Welt vor, als hätte sie sich in ein großes Diskussionspodium verwandelt.

Wenn du die Wahrheit entdeckt hast, also wenn du dir ganz sicher bist, wo das Gute ist, also wo Gott ist, dann diskutiere mit niemandem darüber.

Das sollte unser allerwichtigstes Gebet sein:

"... und führe uns nicht in Versuchung, sondern erlöse uns von den Bösen!"

Die Versuchung findet in jeder Diskussion statt, die einem vom Weg abbringen möchte!

Bleib stur wie ein Esel!

... wir können nur einem Herrn dienen.

Entweder dienen wir Gott oder dem Teufel. Dazwischen gibt es gar nichts.

Jetzt sollte man sich entscheiden, sonst wird man zerrissen, das ist kein schöner Zustand.

Verstehe mich bitte nicht falsch:

Natürlich sollten wir nicht aufhören zu diskutieren. Und natürlich, kannst du machen was **du** willst, das geht mich wirklich nichts an. Ich habe ja auch nicht die Weisheit mit dem Löffel gefr...

Nein, Diskussionen sind gut in den allermeisten Bereichen unseres Lebens. Nur so ist der Mensch vorangekommen. Der Austausch untereinander bringt immer etwas hervor- und wenn es nur eine Mordswut ist! (grins)

Nein, du weißt sicherlich was ich meine:

Jetzt wirbelt jede Menge Energie in der Welt herum. Die Märchenerzähler haben Hochkonjunktur und möchten uns einen Apfel für ein Ei verkaufen. Gut, manchmal kann man die Lumpen leicht erkennen, die einem Geschichten erzählen, die unwahr sind. Schwieriger wird es allerdings, wenn sich jemand verkleidet, dann wird man gerne einmal geblendet.

Wir sind ja alle nicht unbelastet. Während unserer Kindheit im Elternhaus oder wo immer wir auch aufwachsen, laufen wir schon durch die "Vorwäsche" des Gehirnwaschprogramms.

In der Schule kommt dann der "Hauptwaschgang" und das anschließende Schleuderwaschprogramm im Erwachsenenleben, gibt uns noch den Rest. Heutzutage ist es wirklich noch viel schwerer sich den Fluten von Informationen zu entziehen, als noch vor 50 oder 100 Jahren.

Alles wird im Gehirn oder Unterbewusstsein gespeichert und filtert unsere Wahrnehmung im täglichen Leben.

So jetzt hat man uns etwas in der Kindheit beigebracht, das sich nur schwerlich wieder verlernen lässt. Natürlich ist das in jedem Elternhaus anders, genauso wie in den Schulen. Ich bin zum Beispiel in eine Klosterschule gegangen, das hat natürlich auch geprägt. So ist jeder Mensch unterschiedlich "vorbelastet".

Früher lernte man noch Respekt vor "höher" gestellten Persönlichkeiten zu haben. Da war noch ein Beamter etwas "besonderes oder seriöses"! Ja, das war kein Witz! Da wurden sogar noch die Frauen von beamteten Männern, als Frau... (dann den Dienstgrad des Mannes) gegrüßt. Auch die Frauen von Ärzten wurden mit "Frau Doktor" angesprochen.

Dieses Obrigkeitsdenken ist noch in unseren Gehirnen gespeichert, auch wenn die junge Generation das so nicht mehr kennt, hat sie unbewusst diese Information noch von den Eltern mitbekommen.

Wenn jetzt eine "höher" gestellte Persönlichkeit etwas aus dem Fernseher heraus plappert, dann wird es ein wenig schwierig den Wahrheitsgehalt festzustellen.

Freilich, da hat jemand einen weißen Kittel oder einen Anzug an, vielleicht ein paar Bodyguards um sich herum, fährt eine dicke Limousine und wohnt in einer Villa- so jemand soll die Unwahrheit sagen?

Kann das überhaupt sein?

Ja, da wird es ein bisschen kniffelig!

Aber kein Problem, wenn du die Wahrheit wirklich suchst und finden willst, dann wirst du sie finden.

Das Beste ist, man denkt sich: Alles sind nur Menschen. Alle sind gleich. Egal welches Kleid sie tragen oder welche Rolle sie spielen, es gibt in Wirklichkeit keine Unterschiede.

Noch ein kleiner Tipp bei der Wahrheitssuche:

Es ist kein Hinweis, dass etwas wahr ist, nur weil der größte Anteil der Bevölkerung etwas als seine Wahrheit annimmt!

Die Anzahl der Befürworter einer These hat definitiv nichts damit zu tun, ob etwas stimmt oder nicht. Dafür gibt es in der Geschichte unzählige Beispiele.

Dein Herz wird dir die Wahrheit zeigen.

Fühle die Schwingung, wenn du eine Meldung hörst.

Dreht sich dir der Magen um- dann weißt du natürlich gleich was los ist! Dann ist es einfach. Kommt vielleicht noch ein Würgereiz hinzu, dann wird es noch einfacher.

Lass dich nie blenden von Geld oder schönen Kleidern, auch nicht von Titeln.

Wenn du **deine** Wahrheit gefunden hast, dann gehe **deinen** Weg, egal wie viel ihn mitgehen. Manchmal ist es einsam, wenn man ein aufrechter Mensch mit Idealen ist- wenn man liebenswürdig und mitfühlend ist.

Sei nicht traurig, wenn du denkst, du müsstest alleine diesen Weg gehen, das stimmt nicht.

Wir sind viele Gleichgesinnte, nur sind wir auf dem ganzen Erdball verstreut.

Das schöne ist: Wenn wir in die höhere Frequenz geschossen worden sind, dann werden nur noch wir übrig sein.

So werden wir uns leicht finden und auch nicht mehr alleine sein. Das ist schön.

Endlich ein Leben, indem man nur Spaß haben wird!

Keine Nervereien mehr von den ungemütlichen Mitbewohnern der Erde, sondern nur noch Frieden, Freude Eierkuchen!!!

Ach, wie ich mich freue. (Ich weiß, ich wiederhole mich ständig, egal, ich freue mich trotzdem!!!)

Danke fürs zuhören.

X - ist ein Absatz der Stille

Auf gut Deutsch: Für das X gibt es keinen Absatz! (grins)

Es geht weiter mit dem Y.

Y - Die Meditation geht weiter

Es ist Zeit sich einen Kaffee zu machen.

Als ich einmal im Internet etwas hochgeladen habe, hieß es ich solle mir einen Kaffee machen, es könnte noch dauern...

Ich möchte das gerne an dich weitergeben, da ich für das X und Y keinen Text bekam. Also warten wir zusammen wie es weitergeht mit dem Z. (lächel).

Ziel - Es ist geschafft

Ja was haben wir denn geschafft? Haben wir unser Leben geschafft oder das Leben uns? Oje, das wäre schlimm, wenn wir "geschafft sind", also kaputt oder ausgelaugt!

Wann ist das Ziel erreicht?

Ist der Eintritt ins Rentenalter ein erklärtes oder erhofftes Ziel?

Noch einmal - oje! Stelle dir einmal vor, das mit der Rente klappt nicht so wie du dir das vorstellst. Vielleicht freust du dich auf das Lebensjahr 65 und dann würde das Eintrittsalter auf 85 Jahre erhöht werden! Oh Gott, **das** wäre ja was! Kaum auszuhalten! Nein, ohne Witz- auf ein Ziel hinzuarbeiten oder zu warten könnte enttäuschend sein.

Du kennst das vielleicht mit den Erwartungen, die oft nicht eintreffen. Das hat auch etwas mit Energie zu tun. Wenn wir uns etwas dringend wünschen, dann stecken wir unsere ganze Energie hinein und somit blockieren wir uns auch selbst ein wenig. Wenn wir etwas unbedingt wollen sind wir verkrampft und nicht locker. Genau **das** ist das Problem:

Wenn ein Wunsch in Erfüllung gehen soll, dann müssen wir uns in eine lockere Schwingung versetzen, damit das mit dem Wunsch auch klappt.

Du bekommst sonst die Himmelspost geliefert, aber du bist nie zu Hause. Ständig bist du in deinem Keller und hörst die Glocke nicht. Der himmlische Zustelldienst klingelt und klingelt und du machst nicht auf, weil du so sehr mit dir und deinen Problemen beschäftigt bist, dass du das Geläute gar nicht mitbekommst.

Ein kleiner Tipp, wenn du etwas möchtest:

Wenn du mit einem offenen Herzen einen Wunsch dem Himmel übermittelst, also ganz einfach formulierst und dann die Sache wieder vergisst- so wirst du am meisten Erfolg haben.

Das nennt man auch Vertrauen.

Wenn du nämlich alle 5 Minuten bei der geistigen Welt des Lichts deine Wünsche wiederholst, dann bedeutet das nichts anderes, du würdest denken, sie hören dich nicht! (grins).

Nur ein Gedanke an einen Engel oder einem anderen Himmelsbewohner und schon ist derjenige bei dir. Gut, du kannst sie vielleicht nicht sehen, dennoch sind sie sofort bei dir.

Die Zukunft ist noch nicht da- sie ist **nie** da! Wir können der Zukunft noch so schnell hinterherrennen, wir werden sie niemals erreichen. Sie ist immer vor uns.

Klar, stecken wir uns als Mensch immer irgendwelche Ziele, das ist ja normal. Als Schüler, möchte man das Klassenziel erreichen, sonst gibt es Ärger zu Hause. Später hat man vielleicht berufliche Ziele. Manch einer wünscht sich einen Partner und Kinder.

Wir haben alle irgendeinen Lebensplan im Kopf, das ist normal. Gut, es gibt sicherlich auch Lebenskünstler, die es einfach auf sich zukommen lassen. Das ist dann wirklich eine Kunst.

Die Kunst das Leben ist, es so zu nehmen wie es ist.

Das muss man erst einmal können, so völlig plan- und ziellos durch das Leben zu schlendern, eine göttliche Gabe oder gaaaaaaaaaaanz viel Übung.

"Ach mir ist das egal was kommt!" "Jetzt haben sie meinen Job gekündigt, das ist mir wurscht. Das Geld für die Miete wird mir schon einer schenken und verhungern werde ich sicherlich so schnell nicht."

Das ist wirklich cool, wenn man so locker drauf ist. Menschen die ein Gottvertrauen haben, die einfach **wissen**, sie werden nie im Stich gelassen, denen fällt meist alles in den sprichwörtlichen Schoß. Gut, jetzt könnte man auch sagen, die wären stinkfaul und warten nur darauf, dass es ein anderer richtet...

Oder man bewundert sie einfach.

Ganz ehrlich, wir Menschen denken immer wir hätten alles oder zumindest einiges im Griff. Wir denken unser Leben läuft so wie wir uns das vorstellen. Zumindest so lange, bis uns das Leben zeigt, dass es auch anders kann. (haha)

Plötzlich geht es nicht mehr geradeaus, sondern kommt eine 90 Grad Kurve und dann geht es vielleicht sogar rückwärts.

Also rückwärts ist immer nicht so angenehm.

Wenn du ein bestimmtes Einkommen gewöhnt bist, und von heute auf Morgen nur noch die Hälfte verdienen würdest, das wäre schon krass. Da müsstest du dein Leben umstellen, außer du hattest vorher ein Einkommen von 10 000 Euro monatlich. Dann sind 5 000 Euro auch noch genug um nicht zu verhungern. Wobei... Jemand der 10 000 Euro Einnahmen hat, wird auch dementsprechend hohe Ausgaben haben. Der Butler will schließlich auch am Monatsende sein Gehalt.

Jemand der es über längere Zeit gewohnt ist einen hohen Lebensstandard zu haben, der wird sich bei dem Gedanken "weniger" am Monatsende im Geldbeutel zu haben nicht gerade wohlfühlen.

Klar, es sind laufende Kosten zu bestreiten, das kann Magenschmerzen verursachen, wenn man keine Idee hat, woher die Penunzen kommen sollen.

Dieses Thema ist jetzt sehr aktuell. Viele Menschen sind in eine "kurze Arbeit" geschickt worden und müssen sich der neuen Situation anpassen.

Ich höre oft, dass Ängste entstehen.

Angst ist immer das Gegenteil von Vertrauen. Wenn du Angst hast, solltest du die Angst bewusst fühlen. Nimm sie liebevoll an, dann kann sie gehen. Hab Vertrauen in das Leben.

Ich habe mir immer in Krisensituationen überlegt, was denn wohl das Schlimmste wäre was passieren könnte.

Wir, in den kapitalistischen Ländern haben schnell eine Existenzangst- nicht, weil wir verhungern müssen (was wirklich eine der schlimmsten Dinge überhaupt ist) nein, weil wir vielleicht unseren Standard herunterschrauben müssen, das heißt ein wenig auf den Luxus verzichten müssen:

Vielleicht nicht immer die modernsten Klamotten kaufen zu können, das Handy abzumelden, oder öfter selber zu kochen, anstatt Essen zu gehen.

Ich weiß, diese Annehmlichkeiten machen Menschen Spaß. Denke immer daran: Lebensnotwendig sind diese Dinge nicht, man kann gut ohne diesen Luxus leben. Gesundheit ist viel wichtiger. Falls du gesund bist, dann hast du schon sehr sehr viel. Auch das schätzt man meist erst, wenn einem diese abhandengekommen ist. Wenn man schlimme Schmerzen hat, vielleicht sogar über einen längeren Zeitraum, würde man viel darum geben, wenn sie wieder aufhören würden.

Diese besondere Zeit, so ungemütlich sie für uns alle auch ist, will uns auch etwas lehren:

Die Akzeptanz und auch eine Flexibilität

Das Akzeptieren der ungewöhnlichen Lebensumstände.

Wir werden alle lernen anpassungsfähiger zu sein, zumindest in der Übergangszeit. Für uns alle ändert sich was. Wir steigen auf in eine höhere Dimension. Jeden Tag geht es ein bisschen höher- da müssen wir täglich ein bisschen "anders" leben. Mal sind die Energien sehr stark, dann sind sie sehr schwach. Am einen Tag sind wir voller Tatendrang, dann sind wir wieder schlapp und können uns kaum aufrecht halten. Die Meldungen überschlagen sich. Fast täglich werden uns neue Dinge erzählt, die wir fortan tun oder lassen sollen. Es kommen Gefühle hoch, die wir vielleicht gar nicht gekannt hatten. Wir könnten sogar Gefühlsausbrüche haben.

Jetzt ist eine Zeit, in der wir vor allen Dingen eines sein sollten, so schwer es auch fällt:

- gelassen sein!

Ruhe bewahren!

Je ruhiger wir sind, umso leichter kommen wir durch den Sturm.

Vor allen Dingen ist es ein guter Rat, mit sich nachsichtig zu sein. Sei nicht so streng zu dir selbst. Wenn dir mal die Hutschnur platzt, na und? Was solls? Das ist doch kein Problem. Nein sogar überhaupt nicht. Weißt du was in so einem Fall das eigentliche Problem ist?

Wenn du dich im Anschluss dafür verurteilst, weil du jemanden rund gemacht hast. Genau **das** ist dann **dein** Problem: Dein Verstand rattert und du denkst dir vielleicht: "Mensch, das hätte ich nicht sagen sollen, noch dazu nicht so laut! Ich hätte mich besser im Griff haben sollen!"

Jetzt sind die Energien so stark, sie zerren richtig an unseren Nerven. Da kommt fast niemand drumherum, als dass er einmal wütend wird. Denke dir dabei nichts. Verzeihe dir selbst und vergiss es schnell wieder. Wenn du in der Vergangenheit hängst, dann bist du nicht in der Gegenwart! (grins, das war jetzt sehr schlau von mir geschrieben!!!)

Nein, alles was dich vom Augenblick der Gegenwart wegbringt, also deine Gedanken, ist immer ein bisschen ungemütlich. Klar, es macht ja auch keinen Spaß sich ständig mit eingebildeten Problemen, die sich nur im Gehirn abspielen, zu beschäftigen.

Suche dir ein paar lustige Beschäftigungen, oder kreative und lenke dich von den Blödelgeschichten ab, dann geht es dir sicherlich besser. Wenn du auch zu den armen Menschen gehörst, die jetzt weniger Einkommen haben, dann tut mir das für dich wirklich leid. Versuche das beste daraus zu machen, ich bin mir sicher du findest auch für dieses Problem eine Lösung.

Du kannst die Engel um Rat fragen oder eine Lösung erbitten- sie sind immer für dich da.

Zeitenwende - Eine neue Erde wartet auf uns

Noch ein Z, nachdem das Y und das X ausgefallen sind. (grins)

Die Spreu wird sich vom Weizen trennen. Das ist genau jetzt.

Ein Teil der Bevölkerung wird auf der dichten, alten Erde bleiben und der restliche Anteil der Menschen, wird angehoben in eine höhere Dimension und eine neue Erde bewohnen. Das ist wirklich spannend! Fast ist es wie in einem Film, den man mit Spannung anschaut, weil man auf das Ende der Geschichte neugierig ist. Auch jetzt ist schon sichtbar, dass sich wirklich ganz extrem viel verändert. Sämtliche Lebensgewohnheiten verändern sich.

Nehmen wir nur einmal die Vorweihnachtszeit: Ganz ehrlich, letztes Jahr, war alles noch wie immer. Heuer ist es plötzlich völlig anders. Na ja, darüber muss ich dir ja nichts schreiben, das siehst du ja selber.

Durch die ansteigenden Energien, werden noch einige Dampfdruckkessel hochgehen, damit ist zu rechnen- in sehr vielen Bereichen.

Man kann sich das ganz einfach vorstellen und so ist es auch leicht verständlich:

Alles ist Energie, natürlich unsere Gefühle auch.

Eigentlich wäre das Leben ziemlich einfach, vielleicht auch langweilig, ohne Emotionen.

Klar, keiner könnte jemanden nerven oder auch zum Lachen bringen, niemand würde jemanden beleidigen können, aber auch keiner könnte einen anderen liebhaben.

So würde sich kein Mensch ärgern, klar, wenn niemand nervt, gibt es auch nichts zu ärgern. Im Umkehrschluss gibt es auch nichts zu freuen.

Ja, dann wären wir so ähnlich wie Zombies, die nur aus einer Hülle bestünden. Uiii, gruselig.

Nein, so ist es bei uns auf der Erde nicht. Die Gefühle sind immer da, auch wenn wir sie nicht immer so bewusst wahrnehmen. Klar, wenn ich mich vor einer Woche über den Idiotennachbarn geärgert habe, dann denke ich nicht pausenlos an ihn und somit ist der Ärger nur irgendwohin einsortiert. Ich glaube, wir haben so eine Art großen Schubkasten in dem wir unsere sämtlichen "Fälle" einordnen. Immer, wenn uns jemand ärgert und wir uns nicht wehren oder das Gefühl auflösen, stecken wir es in eine Schublade. So haben wir erst einmal wieder Ruhe vor diesem unangenehmen Gefühl. Bis... ja bis wieder jemand die Schublade öffnet und dann bumm- kommt der alte Schmutz wieder hoch. Super!!!! Das muss dann nicht der ungehobelte Nachbar sein, das kann auch die Schwiegermutti sein, die wieder einmal unangemeldet zum Sonntagnachmittagskaffee eintrudelt.

Es sind immer **unsere** Gefühle die jemand herausangelt. Es ist ein ständiges Schubladen auf und zu machen. So ist unser ganzes Leben von Gefühlen bestimmt. Manch einer hat da ganz schön viel Arbeit damit, um nicht völlig aus der Bahn zu driften. Klar, wenn sich jemand total in eine Angst oder Trauer hineinbegibt und sich nicht wieder nach oben schwingt, kann das Leben gar nicht mehr angenehm sein. Das ist schade um das schöne Leben, das man sich selber so sehr versaut. (entschuldige bitte für den Ausdruck)

Nachdem viele Menschen noch unbewusst sind, also sich um das bewusste Fühlen der eigenen Gefühle keine oder wenig Gedanken machen, kann das zu echten Explosionen führen.

Stelle dir vor, jemand wird schon in der Kindheit schlecht behandelt, hat im Erwachsenenalter vielleicht auch ein ungemütliches Leben geführt, ist quasi immer auf der

Verliererseite gewesen, dann kann sich da im Laufe der Zeit einiges anstauen. Immer wieder kommt eine neue Tragödie, die dann im "Unterbewusstseinsschrank" abgelegt wird. Irgendwann ist der Schrank voll.

Stelle dir vor, du bist mit so einem Menschen befreundet und nervst ihn ein bisschen und dann BUMM gibt es einen Ausbruch wie bei einem Vulkan. Derjenige macht dich total fix und fertig und du stehst mit offenem Mund da.

Was hast du falsch gemacht? Dein Gehirn rattert und du verstehst die Welt nicht mehr! Du bist dir keiner Schuld bewusst, du hast keine böse Absicht gehabt.

Du warst nur zur falschen Zeit am falschen Ort, nur **das** war dein Fehler, was natürlich keiner ist.

Manchmal sind wir nur dazu da um jemanden zu helfen, seine alten Kamellen aufzulösen. Wenn du ein guter Geist bist, dann gehst du demjenigen, der gerade explodiert ist nicht gleich an die Gurgel, sondern drehst dich, wenn er fertig ist, einfach um und gehst. Sollte sich in dir was grummeln, dann löst du halt diese Energie auf. Wenn du das kannst, dann ist das doch kein Problem.

Schau, wir sind alle miteinander verbunden. Es ist völlig egal, ob du für den Herrn B. oder die Frau R. oder jemanden Unbekannten seine Gefühle auflöst. Wenn eine "ungute" Energie da ist, und vorausgesetzt du kannst so etwas, dann kann man sie auflösen und schon ist die Erde wieder ein Stückchen "reiner".

Klar, ist das nicht einfach, ich möchte dich dazu auch nicht motivieren. Du wirst selbst wissen, ob du es aushalten kannst, wenn du grundlos beschimpft wirst. Es ist immer das Ego, das sofort anspringt und loslegt:

"Was fällt denn dem ein? Wieso schimpft der los, obwohl ich immer gut und freundlich zu ihm bin? Der hat wohl nicht mehr alle Taschen im Schrank?"

Hast du aber dein Ego durchschaut und lässt dir keinen Blödsinn mehr einreden, dann bist du schon extrem weit. In der Schwingung der Liebe weißt du, dass immer nur das Ego reagiert. Beleidigt sein- das ist immer nur das Ego, nie dein wahres Selbst.

Bist du allerdings selbst auch unbewusst und schleuderst diese Wutenergie wieder zum Empfänger zurück, also schreist den Partner voll an, dann hat er seine Energie postwendend zurückbekommen. Dein Ego wird dein Handeln bestätigen, doch auf einer höheren Ebene ist nichts gelöst. Im Gegenteil, dann sind am Ende 2 Menschen wütend, traurig und vielleicht auch ein wenig verunsichert.

Stelle dir dagegen vor, du könntest diese ungemütliche Energie verpacken und einem Engelchen mitgeben, das wäre doch klasse! So wäre der Schubladenschrank deines Partners wieder leer und er hätte es ein bisschen leichter. Weißt du, wenn du so etwas kannst, dann hilfst du deinem Partner, der Mutter Erde, die wieder ein Stückchen sauberer wird und vor allen Dingen dir selbst am allermeisten. Wer so sehr in der Liebe ist, wird tausendfach belohnt.

Das ist ***bedingungslose Liebe.***

Sie wirst du in allen möglichen Variationen wieder zurückbekommen!

Das war nur ein Beispiel.

Schau, diese Energie, die von Gefühlen ausgeht, ist bei allen Menschen gespeichert.

Jetzt haben wir eine besondere Zeit. Wir sitzen auf unseren gepackten Koffern und warten auf den Schlusspfiff um loszumarschieren auf die neue Erde. Die Lichtbrücke ist schon lange da, wir sind bereit. Gut, wir warten noch auf ein paar Trödler, aber lange kann es nicht mehr dauern.

Um mit leichtem Gepäck reisen zu können, wäre es kein schlechter Rat vorher noch Ballast abzuwerfen. Komm bitte nicht auf die Idee, dem nächst Besten deinen emotionalen Müll an den Kopf zu werfen um leicht und beschwingt auf die neue Erde laufen zu können, das wäre echt gemein (grins).

Eine gute Zeit um sich seiner alten Kamellen selbst zu entledigen, wäre der feinere Weg! (lächel)

Ich habe jede Menge Anleitungen geschrieben, wie man seine Gefühle bewusst fühlen kann, damit sie sich auflösen können.

Ich möchte dir noch einmal eine Kurzanleitung geben, weil es wirklich wichtig ist, das zu können. Dein Leben wird, gerade in diesen anstrengenden Zeiten, viel einfacher sein, wenn du Verantwortung für dein Leben übernimmst.

Du kennst das Grummeln im Bauch- eine Wut, Ärger, Verdruss, Traurigkeit oder eine Verletztheit.

Wenn du so ein Gefühl spürst, reagiere nicht!!!!!!

Egal **wer** es auslöst, auch egal **was** es auslöst, denke nicht darüber nach. Gehe aus der Geschichte heraus.

Fühle bewusst dieses Gefühl. Konzentriere dich nur auf das was in deinem Bauch rumort.

Dann konzentriere dich auf deinen Atem.

Atme gaaaaaaaaaaaanz langsam ein und aus.

Wenn du einatmest lass deinen Bauch gaaaaaaaaanz dick werden und wenn du ausatmest wieder ganz flach.

Du machst nichts anderes als ein- und ausatmen und dich auf dieses Gefühl zu konzentrieren.

Das Beste ist, du gehst raus aus der Situation, besonders als Anfänger. Wenn dir der Auslöser gegenüber steht, kannst du vielleicht nicht so leicht aus der Geschichte herausgehen. (Verlasse einfach den Raum, dann hast du Ruhe.)

Das ist reine Übungssache. Wenn du das öfter gemacht hast, kannst du das aus dem Effeff und auch nebenbei. Ich mache sowas auch während ich an der Kasse stehe oder Auto fahre.

Irgendwann stellt sich ein Automatismus ein, der sofort anspringt, wenn etwas ungemütlich wird.

Plötzlich, lässt dieses Gefühl nach und ist weg. Dann kommt ein tiefer Frieden mit einer wunderbaren Liebe, die sich dann anstelle der Wut oder Angst, in dir breit macht.

Das ist quasi ein Tausch: Ärger gegen Wohlgefühl.

Das ist doch ein gutes Geschäft, oder?

Die Welt ist wieder um ein Stückchen reicher geworden. Wieder ist sie ein bisschen schöner und liebevoller geworden, durch **dein** bewusstes heilen. Ja das ist Heilung. Heilung für die Welt.

Es braucht Menschen wie dich, die unsere Welt von den niedrigen Emotionen befreien.

Schau, die Dunkelheit möchte nochmal richtig Gas geben und schleudert mit Gewalt diese unschönen Gefühle in die Welt. Nein, das war nur zum Teil richtig. Sie erfinden Geschichten, damit dieses Gefühle hochkommen, um Chaos zu produzieren oder zu provozieren.

Sie haben die Rechnung allerdings ohne den Wirt gemacht, also ohne **uns** gemacht.

Der Himmel wusste natürlich um diese besondere Zeit. Sie haben schon vor langer Zeit einen Plan geschmiedet und ausreichend Personal auf die Erde entsandt. Es wurden nur die "äußerst zähen" Himmelsboten zur Erde gesandt- klar Weicheiengel würden in dieser harten Zeit, am Ende selbst hilfsbedürftig sein. Nein, nur wirklich qualifizierte Seelen sind hier zum Helfen inkarniert.

Schön, dass du auch hier bist, um das Licht in die Welt zu schicken. Das ist eine große Freude.

Diese verdrängten Gefühle können wirklich die Kraft eines Sprengstoffes entwickeln, besonders, wenn sich solche Energien aufaddieren. Weißt du, in einer friedlichen Welt in der alles Friede, Freude Eierkuchen ist, da ist es nicht problematisch, wenn einer in einem Völkchen dabei ist, der aggressiv ist. Die anderen friedlichen Mitmenschen gleichen solche Energien leicht aus.

Jetzt allerdings ist das Verhältnis gekippt: Es gibt eher wenige Felsen in der Brandung und wesentlich mehr Menschen, die ängstlich oder ärgerlich sind.

Wenn du das weißt, kannst du natürlich auch besonnen an solche Situationen herangehen, die ein wenig ungemütlich sind.

Nimm nicht alles sofort krumm, was Menschen sagen. Öffne dein Herz gaaaaaanz weit auf und verzeihe deinen Mitmenschen ihr Menschlich-sein. Sie sind ein wenig hilflos-sie wissen nicht wohin mit ihren Gefühlen.

Du kannst in diesen Tagen ein wirklicher Lichtanker sein und auch ein Friedensapostel:

Jedes Mal, wenn du **nicht** reagierst, sondern einfach stehen bleibst wie ein Fels in der Brandung, löst du wieder einen Brocken Dunkelheit auf.

Immer wieder, wird die Welt durch dich ein wenig heller und freundlicher, und:

UND: Die Dunkelheit verschwindet immer mehr.

Das ist doch das Allerbeste überhaupt:

Die Dunklen haben keinen Platz mehr hier zu leben, weil das Licht und die Liebe den ganzen Planeten und am Ende die ganze Galaxy erhellen!!!!

So wirst du zu einem Lichtarbeiter in Aktion. Du erledigst deinen Job mit Bravour, wenn du einfach nur **da** bist und deine Liebe hältst.

Verstehe mich nicht falsch:

Ich rufe nicht dazu auf, sich in dieser Welt alles gefallen zu lassen und dem Unrecht nur zuzuschauen!!! Ganz und gar nicht!

Natürlich muss man einstehen für die Wahrheit und die Gerechtigkeit, vielleicht auch manchmal dafür kämpfen.

Was ich mit diesen Beispielen sagen wollte ist:

Bei Wutausbrüchen unserer Mitmenschen die völlig haltlos sind, die einfach aufgrund Hilflosigkeit und auch zu vielen vollen Schubladen geschehen....

Da geschieht ja kein Unrecht in diesem Sinne, sondern nur ein Abladen von zu viel verdrängter Emotionen.

Jetzt könnte man das natürlich auch bei den möchtegern-Bestimmern auch behaupten, aber das ist völlig anders bei diesen Wesen... aber darüber sprechen wir nicht hier in einem Buch des Himmels. Da haben die Dunklen keinen Platz, der ist woanders... (grins)

Zuversicht

Verliere nicht das große Ziel aus den Augen, auch wenn es erst in der Zukunft liegt.

Jetzt die Hände in den Schoß zu legen und abzuwarten, wäre auch nicht gerade schlau. Wir müssen uns unsere neue Welt schon selbst kreeiren. Es ist jetzt Zeit die Ärmel hochzukrempeln und wirklich Gas zu geben. Jeder in seinem Bereich. Die andere Seite, will uns irgendwie lähmen, also uns wohin verfrachten, wie es ihnen gefällt. Naja, du wirst selbst wissen, was es zu tun oder was es zu lassen gibt.

Dein Herz wird dir genau sagen, wann es Zeit wird etwas zu tun oder wann es besser ist nichts zu tun.

Wir alle sind angeschlossen an den Himmel.

Da sitzen die himmlischen Freunde und sagen uns ein, was wir tun sollen. Selber denken müssen wir jetzt nicht viel, eigentlich nur auf unser Gefühl hören, dann kann nichts schief gehen.

Wir sind in der Endschlacht- jetzt wird das Dunkle aus dem Tempel getrieben. Dann wird ordentlich rausgefegt und gelüftet. Die Fenster werden geputzt und es werden frische Blumensträuße aufgestellt und Kräuterschalen platziert. Duftöle werden verrsprüht.

So, dann ist der muffige Gestank draußen und wir haben einen schönen frischen Tempel, der hell ist und gut riecht.

Dann haben wir wieder ein schönes Zuhause ohne die Nervensägen.

Wir leben in Frieden, Freiheit und mit sehr viel Spaß, zusammen mit unseren Kindern und den alten Menschen.

Das Leben in Frieden und Freiheit ist unser Geburtsrecht.

Schlusswort

Das Schluss**wort** ist eigentlich immer ein Schlussabsatz.

Eigentlich wäre es auch einmal lustig wirklich nur **ein** Wort am Ende zu schreiben- nur welches?

Wenn ich nur **ein** Wort auswählen könnte für das Schlusswort, würde ich ein lustiges Wort aussuchen. Klar, was kann es schöneres geben, als die Vorstellung, jemand liest das Büchlein und konnte am Ende noch herzhaft lachen- oder noch besser: Vielleicht sogar Tränen lachen!!!

Das Lexikon der neuen Zeit ist nieder geschrieben-, obwohl es auch Altes von der dichten Erde enthält, geleitet es uns in die neue Zeit mit der höheren Schwingung. Es werden sich neue Propheten melden, pass gut auf und prüfe mit deinem Herzen, damit du nicht einem "falschen" Propheten hinterherläufst. Ja, es hieß in den Prophezeiungen, wir sollen achtsam sein, die ersten die sich bei uns melden würden, wären nicht die "Richtigen". Das Beste wird sein, so wie wir es immer handhaben:

Die Wahrheit werden wir mit dem Herzen "sehen". So ist es immer und wird es immer sein- egal in welcher Dimension wir wohnen. Die Wahrheit kann immer mit dem Herzen gefühlt werden.

Wenn es an deiner Haustüre klingelt und die grünen Männchen vor der Türe stehen und du hast ein ungutes Gefühl, dann lässt du die Türe einfach zu. Du kannst ja so tun, als ob du nicht zu Hause wärst.

Klingeln eines Tages lilafarbene Außerirdische und du hast ein gutes Gefühl, dann öffnest du die Türe und bietest ihnen einen Kaffee und ein bisschen Süßes an. Sie sind ja sicherlich weit angereist. (grins)

In diesem Sinne,

wünsche ich dir eine gute Heimreise

in das Paradies auf Erden.

Ich freue mich sehr, wenn wir uns wiedersehen.

Deine Paula Himmelreich

Falls du jetzt Lust auf mehr bekommen hast, kannst du noch weitere Büchlein von mir finden.

https://www.amazon.de/kindle-dbs/entity/author/B07B29T57V?_encoding=UTF8&node=186606&offset=0&pageSize=12&searchAlias=stripbooks&sort=author-pages-popularity-rank&page=1&langFilter=default#formatSelectorHeader

Taschenbücher kannst du auch bei Naturkost Noderer bestellen:

http://www.naturkost-noderer.de/

Vielen herzlichen Dank für dein Interesse und deinen Kauf meines Büchleins.

Meine Bücher sind als eBook und als Taschenbuch erschienen:

Lebe jetzt frei und ohne Angst-

Maximale Freiheit ohne Panik und Angst

10 kg Abnehmen in 14 Tagen,-

Endlich frei von Neurodermitis und Migräne

VERGISS ALLE ERWARTUNGEN UND SEI GLÜCKLICH

RAUS AUS DEM HAMSTERRAD - REIN INS GLÜCKLICHE LEBEN-

MINIMALISMUS IST DAS ZAUBERWORT

EINFACH GRUNDLOS GLÜCKLICH SEIN -

DER ULTIMATIVE GLÜCKSRATGEBER

DIE NEUE ERDE IST SCHON DA -

EINE BOTSCHAFT AUS DER URQUELLE

DAS LEBEN AUF DER NEUEN ERDE -

EINE NAVIGATIONSHILFE AUS DER URQUELLE

AUF DIE NEUE ERDE KOMMST DU NUR OHNE EGO -

SCHUBSE DAS TEUFELCHEN VON DEINER SCHULTER

VERLASSE DIE ACHTERBAHN DER GEFÜHLE -

TAUCHE EIN IN DIE WOGE DER GLÜCKSELIGKEIT

EINE BOTSCHAFT AUS DER URQUELLE -

PAULAS REISE AUF DIE NEUE ERDE

HEILUNG DURCH HINGABE -

MIT EINER BOTSCHAFT VON ERZENGEL RAPHAEL

WÜNSCHE ERFÜLLEN SICH LEICHT,

WENN DU ZUHAUSE BIST - *GLÖCKCHEN 1*

PAULAS ERKENNTNISSE FÜR EIN LEICHTERES LEBEN

HIMMLISCHE BEZIEHUNGEN - *GLÖCKCHEN 2*

PAULAS ERKENNTNISSE FÜR EIN LEICHTERES LEBEN

DIE NEUEN KINDER SIND SCHON DA

EINE BOTSCHAFT AN DIE JUGEND - FÜR DAS LEBEN

AUF DER NEUEN ERDE

EIN BUCH VOLLER LIEBE-

EIN GESCHENK DES HIMMELS - *GLÖCKCHEN 3*

DIE SCHLEIER LICHTEN SICH

EINE BOTSCHAFT MIT ERZENGEL MICHAEL

WENDE DICH VON ENERGIERÄUBERN AB -

GIB BURNOUT KEINE CHANCE

LASSE JETZT DEINEN ANTRIEBSMOTOR

IMMER HOCHTOURIG LAUFEN

77 HIMMLISCHE GESCHENKE UM DEINE SCHWINGUNG ZU ERHÖHEN - *GLÖCKCHEN 4*

PAULAS ERKENNTNISSE FÜR EIN LEICHTERES LEBEN

GIB DEINE SÜCHTE DEN ENGELN MIT-

DIE WEISSE LILIE

EINE BOTSCHAFT VON ERZENGEL CHAMUEL

PAULAS HEILE WELT-

EINE VISION FÜR EINE SEHR NAHE ZUKINFT

VON DER NEUEN ERDE

DIE WELTEN TRENNEN SICH-

ES WIRD ZEIT SICH AUF DEN WEG ZU MACHEN

DAS ERSTE BUCH DER NEUEN ERDE-

MIT EINER BOTSCHAFT VON HENOCH

DER WIND DER VERÄNDERUNG-

EINE WUNDERVOLLE BOTSCHAFT AUS DEM HIMMEL

DAS LEBEN ÄNDERN IST EINFACH - GLÖCKCHEN 5

MIT EINER BOTSCHAFT VON JESUS

DIE LIEBE UND DAS LACHEN SIND

DIE LICHTBRÜCKE AUF DIE NEUE ERDE-

ERZENGEL JOPHIEL UND DIE WAHRHEIT

Impressum:

Paula Himmelreich

Marktstr. 28

86866 Mickhausen

paulahimmelreich@web.de

Printed in Poland
by Amazon Fulfillment
Poland Sp. z o.o., Wrocław

68882802R00078